白舜羽、魏君穎

London-
philes :

倫敦腔：
兩個解釋狂的英國文化索引

Footnotes
of
a Great
City

齊二十六個字母嗎？

　　後來發現，這座城市永遠有永遠有看不完的戲劇，聽不完的音樂，參加不完的活動；但另一方面，晦暗的天氣、昂貴的生活與擁擠的人群，總會讓人想念其他比較宜居的地方。然而一個城市的美好不必然在其物質條件，更需要想像力的勃發與人與人之間的交會。不若開心無負擔的旅人，文章反映我們於倫敦的日常生活，涵蓋的主題雖有柴米油鹽，生活瑣事，也有兩人熱愛的劇場與藝術。隨著書寫開展，我們也發現從單一名詞的介紹中，背後有更多關於英國文化歷史的意涵和脈絡，甚至是公共議題的思辨。我期許它忠實呈現了在倫敦生活及思考的切片，紀念在霧都度過的五年歲月。

　　這是我們寫給倫敦的情書。

使用說明 ————————————————

本書由兩個解釋狂共筆，在書中的代號分別為 A 與 W。A 是白舜羽、W 是魏君穎，註記於篇名處。

內容分為六大主題，帶領讀者一起深入倫敦的日常：

特企 ・ 公共倫敦　光影 ・ 藝文
凝視 ・ 城市地景　造訪 ・ 季節景色
生活 ・ 甜品　　　家居 ・ 動線

從公共事務談到家居點滴；從在大街小巷閒晃，到打開倫敦人家裡的冰箱……67 個英國文化關鍵字，帶你一步一步聽懂倫敦腔。

特企 · 公共倫敦

光影 · 藝文 ————————————————

凝視 · 城市地景 ─────────

造訪 · 季節景色 ───────────

生活 · 甜品 ───────────

家居 · 動線

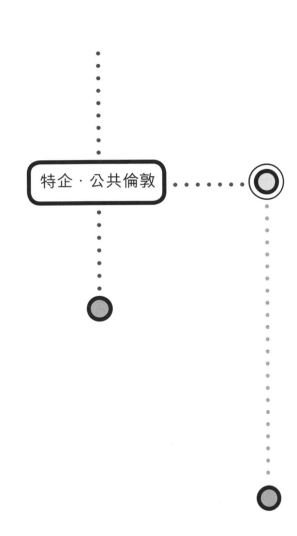

特企・公共倫敦

A─────────── 英式英文 British English

　　前陣子斷斷續續在讀《瞧那些英國佬》（*Watching the English*）的增訂版，比起幾年前看的初版，我的體會又更深刻了。每每看到中肯的段落，就會覺得「沒錯，我真的有遇過一模一樣的情況」。其中最讓我心有戚戚焉的，莫過於語言的使用了。雖然用的號稱都是「英語」，但當你對一個人說：「你好英國！」("You are so British!")通常指的不只是腔調（更何況英國腔也遠遠不只一種），而是某種不乾不脆、話裡藏話的講話方式。我真心覺得英國式的拐彎抹角很有趣／煩人：對方講得很清楚，但你聽得很模糊。

　　網路上流傳著很多英式英文對照表，比方說 interesting 其實並不有趣等等，但我認為故事全貌沒有那麼簡單。英國人的拐彎抹角以曖昧為特色，所以可能認真也可能不是那麼認真，完全視當時的談話脈絡而定，也沒有真的可以完全對應的原則可參考，本文當然不是什麼嚴肅的語言學研究，只是把一些覺得有趣的對話記錄下來罷了。

　　某次在希斯洛機場等行李的時候，旁邊一對英國老夫妻拿到行李，正要出關時：

　　先生對太太說：「你想去上個廁所嗎？」("Do you want to go to the toilet?")

　　太太回答：「噢，我不會介意。」("Oh, I wouldn't mind.")

　　我在旁邊聽了差點笑出來，心想那麼拐彎抹角的回答，果然是回到英國了。回家告訴室友這段軼事，室友仔細推敲

出三種可能性：

A. 是的，我要去上廁所。
B. 如果你要去的話，我也不介意。
C. 隨便啦，你想怎樣就怎樣。

後來蘇格蘭朋友又加了一條：
D. 如果時機恰當的話我會去，我又不會尿褲子。

不要覺得我們腦內小劇場過剩，我真的聽過稍微不同的回答其實有完全不同的意涵。比方說：「我想我不會介意。」（"I think I wouldn't mind."）跟「我當然不會介意。」（"I certainly wouldn't mind."）兩句話中，想去的意圖就完全不同。但好玩的是，真的比較少聽到英國人直接了當說：「要去。」（"Yes."）室友問我，最後是誰去上廁所，我說我顧著竊笑就忘了。

回到家裡附近的地鐵站，走過一位小姐旁邊，背包不小心掃到她，她臉色不悅地說：「Excuse ME!」顯然中文完全不是不好意思或借過，而是「你這人怎麼回事啊？」連忙道歉之餘，也覺得自己真的回到倫敦了。

如果要我歸納英國人說話的方式，大概會是：正話反說，重話輕說，真話假說，大話小說，有話不直說。

英國人心裡應該住著扭來扭去的喬巴魂。還沒到英國以前，有一次朋友跟我說英國人講話就是長，明明幾個字可以

講出來的東西就非得要講一串。但這幾年的經驗告訴我，這種描述不盡然精確，我認為他們其實是得了一種話說得太直接就會覺得很尷尬的病。所以上面的口訣其實是英國人（至少被視為是英國式）說話的原則。另外反過來說也大致符合，即：反話正說，輕話重說，假話真說，小話大說，總之還是有話不直說。如果你問英國人對某件事情的感想，而他們不是特別喜歡的話，很常聽見的句型是：「這不是我看過最有趣的表演。」("This is not the most interesting performance I've seen.")先前看 BBC 訪問一個英國爸爸，提到他女兒挑食的壞習慣，他說：「這可能不是她的強項。」("That's probably not her strongest point.")

　　相反地，如果他們喜歡一樣東西，但不太好意思表達出來的話，他們會說：「不壞，一點都不壞。」("Not bad. Not bad at all.")當然，有時候還是可以聽到「棒極了」("Brilliant!")，但聽到的場合通常都是小事，比方說網購貨車司機詢問可不可以提早到（這有什麼好棒的？）、廁所裡面有沒有人（你有那麼急嗎？），這也符合小話大說的原則，意思是真的發生比較大的好事，聽到「棒極了」的機率會小一點。有時候都會忍不住想要馬景濤式搖肩膀：「可不可以坦率一點啊！」

　　而最經典的，仍是《瞧那些英國佬》書中提供的範例。作者提到她爸爸有個義大利朋友瘋狂哈英，試著在各方面把自己變得很英國。有次義大利朋友去吃了一家很糟糕的義式餐廳，忍不住跟作者爸抱怨許久，作者爸聽完只淡定地說：

「所以，我想你不會推薦這家餐廳囉？」（"So I suppose you wouldn't recommend this restaurant?"）義大利朋友崩潰地說：「為什麼？為什麼你可以這麼英國？你怎麼知道這時候要有這種反應才會英國？」作者爸表示：「蛤？」

　　這種扭來扭去的對話聽久了還真好玩，對於容易激動又大而化之的台灣人來說，偶爾做做這種做作的練習，搞不好可以養成比較淡定的習性也說不定。

Ａ Ｗ —— 恐怖歷史故事 Horrible Histories

　　先前與室友閒聊，究竟「學習的胃口」是怎麼被搞壞的？想我們中學時代，地理背的是吐魯番窪地是海平面下兩百三十八公尺，京滬鐵路是從哪裡到哪裡，為何學？如何用？以前也沒認真思考過，每個人都有一籮筐苦水，歷史念到清末的不平等條約更是苦不堪言，怨清廷為何如此積弱，害得多少莘莘學子得背誦賠了黃金白銀多少兩。資訊囫圇吞下，考試時也沒空咀嚼，吐出來便是。離開中學許久，不知現在的孩子有沒有快樂點。永遠記得相聲段子裡的尖銳：「我們學的地理是歷史，我們學的歷史是神話。」我的「背科」不能算差，但真正對歷史感到興趣，是大學時修了中國近代史，開始去思考以前學的歷史，哪些是事實，哪些是詮釋，甚至哪些事實其實只是基於敘事方便的虛構。在一連串的質疑與反覆詰問下，歷史複雜交纏的片段才慢慢浮現。

　　英國是個熱愛歷史的國家，處處有故事，時時有傳統。那到底小孩子都看些什麼培養歷史意識呢？大便！噴血！謀殺！

　　不，我是認真的。《恐怖歷史故事》（*Horrible Histories*）就是這樣一套惡搞材料，卻奇蹟似地大紅特紅（因為有血吧我想），而且受到各界好評，還有各式衍生文化商品，最近在西區蓋瑞克戲院（Garrick Theatre）就推出了第三部音樂劇，想搞文創的趕快來觀摩一下。

　　恐怖歷史故事本來是一套長銷書，作者泰瑞迪瑞（Terry Deary）專門用不正經的方式與無聊的頭字諧音雙關來講歷史故事：恐怖歷史（Horrible Histories）、可怕都鐸（Terrible Tudors）、惡劣維京（Vile Vikings）等等。二〇〇九年，英國廣播公司（BBC）的兒童節目數位台 CBBC 決定改編成節目，從此大受歡迎，獲獎不斷。迪瑞認為，兒童電視節目通常品質都很糟，大吼大叫，居高臨下，反正小孩懂什麼。於是他反其道而行，找來全國最棒的喜劇編劇與演員，共同製作出各式各樣的非典型歷史故事：查爾斯二世唱饒舌歌、維多利亞式的創業比賽或是斯巴達音樂劇，不只小孩喜歡，大人也愛。這股風潮甚至蔓延到劇場與 BBC 的逍遙音樂會，先前在網路上看到他們在皇家亞伯特廳的演出，合唱團在唱亨利八世六個老婆「離婚，砍頭，死，離婚，砍頭，活」，快笑翻了。

　　在最新的劇場演出中，演員開頭會問觀眾想看「布偶、詩歌朗誦？還是謀殺跟大便？」觀眾（尤其是小男生）眾口一心：「大便！」

　　這麼看來，回到最初的問題，到底該怎麼養成「學習的胃口」？不需要塞很多東西，也不用正襟危坐，其實你只需要多一點大便。

A ——————————————— 連帽長衫 Hoodie

　　Hoodie 指的是連帽長衫，倫敦街頭的青少年超愛穿，前陣子我也自以為年輕買了一件，發現真的是種很舒服的打扮。尤其是這兒常滴個幾滴雨就繼續維持陰鬱，撐傘也不是，不撐也不是，把帽子套上就解決了，非常實穿。然而衣服從來就不會只是衣服，這種穿著也是某種「問題族群」的印記。一位朋友曾經在等公車時看著穿連帽長衫的黑人快步走近，手從口袋貌似要拿出什麼東西，她下意識把自己的手機抓緊，結果只見那人拿出汽車遙控器往路旁的奧迪跑車嗶嗶兩聲，帥氣揚長而去，她事後想來覺得有點尷尬。

　　這種印象並非憑空而來，二〇一一年倫敦騷亂發生時，連帽衫、長垮褲、運動鞋加上圍住口鼻的方巾大致上就是基本配備。連帽長衫於是變成某種「危險族群」，甚至有些購物中心與學校是禁止這種穿著的。這些小屁孩似乎隨時準備來幹一票一樣，但事實真的如此嗎？早在二〇〇六年，時任保守黨黨魁、前英國首相卡麥隆（David Cameron）就說：「連帽長衫是在街頭隱形的方式，在危險環境中的最佳選擇是默默混入人群，不要強出頭。」後來英國政壇還為了他到底有

沒有說過要「擁抱街頭族」（Hug a hoodie）而熱議了一陣子。這些街頭族的生活往往非常沒有保障，幫派、毒品與暴力是生活的基調，也許出身東倫敦的迪利·瑞斯可（Dizzee Rascal）在奧運上的一曲〈瘋狂〉（'Bonkers'）便道出許多無奈，直指暴力與毒品是人生基調。

　　倫敦騷亂爆發時，許多政治人物與媒體都強烈譴責這種毫無理性的投機與劫掠。甚至有人開始訕笑左翼分子已無法為這些行為辯護。畢竟跑去搶液晶電視跟昂貴的運動鞋，或是燒便利商店與公車，到底跟生存焦慮或原本的反警察種族歧視訴求有什麼關聯？但我覺得很有意思的事情是，吵完以後不管是學界或媒體都沒有放棄這個話題。ESRC（相當於社會科學類的英國國科會）做了一個專題，集結各領域的相關研究；BBC 做了一系列紀錄片，報導施暴者與受牽連的人之後的生活。

　　我想我要說的是，這世界永遠不缺不平等，永遠不缺弱勢，永遠不缺我們看不順眼的人，更不缺的是跟我們生活經驗截然不同的人。我得承認我看到穿著連帽長衫的青少年朝我快速走來還是會警戒一下，看到遊民跟我要錢還是不見得會給。但能怎麼樣呢？這些人在可預見的未來並不會憑空消失，不去試圖理解他們，只想用水柱把他們沖走，想讓自己周遭眼不見為淨，似乎不是一條可行的路。試圖理解不代表能理解，不代表認同，甚至不代表接受，但總是善意的第一步。如果連第一步都走不出去的話，共同生活的多元社會只是某種遙遠的幻想吧。

國際學生 International Students ————

在英國申請學校時，申請人會依照國籍分為「英國／歐盟」，以及歐盟以外的國際學生。這樣的分別最重要的是學費差距，在二〇一二年之前，英國及歐盟學生每年的學費多半僅需三千英鎊，而即便是同一個學位學程，國際學生所繳交的費用則至少八、九千英鎊起跳。二〇一二年九月之後，英格蘭的大學最高可以向英國／歐盟學生收取每年九千英鎊的學費，引起相當大的反彈。如此高的學費，也引發與青年貧窮化、高等教育資源分配的論戰。相對來說，國際學生的學費漲幅並沒有那麼大，卻也是每年以幾個百分點的幅度上漲，隨科系學校不同亦有差別，曾聽聞有碩士課程國際學生一年學費為一萬六千八百八十八英鎊，諧音實在非常吉利。

我在倫敦念碩士時，住在以研究生為主的宿舍裡，樓友只有一位英國人，其他人不是來自歐盟國家，就是國際學生。是以打開冰箱便如同進了聯合國：韓國同學把家裡寄來的自製泡菜放進冰箱裡，沒想到濃重的氣味竄進樓友已開封的牛奶中，讓他疑惑牛奶如何會有泡菜味；比利時的同學見台灣女孩在生理期煮黑糖紅棗茶，奇異地發現這些黑黑的湯水原來都有不同的用途和療效。生活習慣和文化背景不同帶來的衝突自然難以避免，日後想起，卻也成為求學歷程中令人回味的過程。正是因為倫敦納聚了來自世界各國的年輕學生，透過認識對話，提供彼此了解的可能，進一步與對方的母國與家鄉產生聯繫。正如在八八風災過後，遠方的朋友捎來問

候，希望知道我是否受影響，或如日本地震後，我亦想得知同學的老家是否安好。如此，國際新聞不僅僅是跑馬燈上閃爍即逝的一則消息，一旦和自己關心的人產生連結，與他方的距離便顯得小得多。

同時，他鄉求學的回憶，無論快樂或悲傷，也常跟著返鄉後的遊子。可能是偶爾想起油膩的炸魚薯條，或想來一塊切達起司，抑或是難以戒掉沒喝上一杯伯爵茶就無法清醒的習慣。求學之外，沉浸文化的時日，也讓國際學生在日後更容易關心英國種種大小事。

儘管如此，日益調漲的學費、生活費，也讓留學英國所需費用節節升高。縱使國際學生的學費和消費對英國經濟貢獻不少，卡麥隆的聯合政府上台之後，對於國際學生的政策仍做了大幅度的調整。若非歐盟公民學生想在學業完成後留下來工作，簽證申請的難度將因眾多條件限制而提高，進而影響國際學生在畢業後留下來的人數。

再也沒有什麼事，能比弄清楚對外籍人士簽證、居留、醫療服務的規定與限制，讓人能明顯感覺到國家公權力對個人生涯的影響。正當相關議題在國會辯論沸沸揚揚之際，某日我家附近的區域民意代表選舉（大約是市議員選舉的規模），一位候選人禮貌地敲門拜票自我介紹，我客氣地說我不是公民，沒有投票權呢。他又問我，那若我有投票權，我會支持他代表的保守黨嗎？

「抱歉，身為外國人，我最近實在貴黨對國際學生的政策不怎麼高興呢。」話脫口而出，頓時覺得自己也太直接了，

而且把內閣政策怪在他頭上實在不算公平。或許是想化解尷尬，他很有風度地說，不妨查查，若我是大英國協公民，應該是可以投票的。那次選舉，保守黨在我所在的這個選區，並沒有選上。

那之後我偶爾會想起這件事，正如旅人從異地歸來後，總會帶著不同的眼光看自己的出發地。我還說不上來到底這會有什麼明顯的差異，不過，下次在台灣行使公民權利投票時，我的心情應該會不太一樣。

任意穿越馬路 Jaywalking ———————— Ⓦ

英國行車方向與台灣相反（是說，全世界也沒幾個是靠左走的國家吧！），所以過馬路時我都異常小心，地上寫說看左我就看左，看右就看右，有時要兩邊一起看。如果有那種可以按下去等人行綠燈的路口，我一定會乖乖等。因此，看著旁邊高頭大馬的阿多仔橫越馬路，我都會心裡暗啐：「你把馬路當自己家啊？！」尤其是人多車多的倫敦市中心，真不知開車的人怎麼有辦法忍著不按喇叭。

Jaywalking 是美式講法，極少在英國聽到。一查之下才知道，原來英國是不罰「任意穿越馬路」的，這倒是印證了我從朋友那裡聽來的都市傳說：某位朋友的朋友去了歐洲某國旅遊，依照倫敦人的習性，就算是紅燈，看左右沒車，他就過馬路了。結果警察在旁邊招招手把他叫去，要他拿證件

出來，想必是違反交通規則了。

　　這位朋友的朋友乖乖拿出證件，最後有沒有被開單已忘了問，倒是警察的叮嚀值得記上一筆：「不要闖紅燈，這裡不是倫敦。」可見倫敦人的這個習慣遠近馳名。有人說，在倫敦街頭要分辨是不是觀光客，就看他是怎麼過馬路的，那有把握有自信看一看就旁若無車走過去的，八成是當地人。

　　然而倫敦何其大，也不是每條馬路我都敢隨便走，上回跟朋友去看舞，在大英圖書館附近的主幹道上，我大概差了兩秒沒跟上前面的人，打算過馬路時，就被同行的朋友抓回來，原來綠燈亮了，傍晚尖峰的車流正迎面呼嘯而來。那次之後，有很長的一段時間我都不太敢隨便過馬路。

　　所以，到底能不能「任意穿越馬路」呢？英國人在學校是被教導說要「停，看，聽，想」，然後自己判斷是否安全。當然在斑馬線上，行人有優先權，即便斑馬線旁邊沒有紅綠燈，駕駛還是得停下來讓你通行。這個駕駛規則倒是執行地很貫徹，據我的經驗是只要我站在斑馬線起點，車子就會自動減速，並且停下來。那麼，如果半夜沒有車，也沒有警察，那過馬路時還要走斑馬線嗎？這個問題就像是在沒有人的溪谷裡游泳，還需不需要穿泳褲一樣，讓我思考了一下。

 ———————————————— 國會 Parliament

　　國會這主題乍看之下跟生活沒有太大關聯，但近年來世

界各地的風起雲湧，大概充分說明了政治即生活，生活即政治的道理，無所遁逃。第一次接觸英國國會是為了接待台灣客人，國會中有各式各樣古老的儀式與傳統：比方說開議時要檢查地窖有沒有火藥；女王使者要敲三下眾議院大門，眾議院議員要相應不理；議院內執政黨與反對黨的距離是兩支西洋劍，不管誰發言都不能越界，避免械鬥致死；進入議院議員不握手，因為握手的目的其實是為了檢查對方身上有沒有藏摺凳，為了相信對方人格所以不握手。進入國會參觀時導覽都會一一解說，除了有趣之外，大概也能感受到這個制度的源流與歷史，並不是一開始就長成現在這樣的。

政治劇《本院》（*This House*）中有句很逗趣的台詞：「議會民主大概是少數英國出口，尚未被退貨的產品。」之前研讀民主發展理論，硬啃了李普哈特（Arend Lijphart）的專書《民主類型》，也是把「西敏寺模式」放在第一章。當然，源遠流長不代表運作沒出過問題。《本院》的主題就是懸峙國會，講的是七○年代的工黨政府，由於議員人數相當，所以要維持政權成了首要之務，每次投票都得甲級動員，把喝醉的、生病的、出差的，通通抓來投票，唯一目的就是把五年任期撐完，否則不信任投票一過就得解散國會重選。整齣戲的基調很輕鬆，但其實還是回到了正當性的探討：當一個政權漸漸失去正當性時，其運作就只能極力維持組織生存，而無暇他顧了。

前陣子看的另一齣戲叫做《鴨屋》（*Duck House*），則完全是惡搞之作，講的是二○○九年英國議員的報帳醜聞，

什麼雞毛蒜皮的東西都可以拿來報帳。笑鬧過後，也不禁讓人懷疑，這制度真的有比其他制度好嗎？為什麼總是在發生這些烏煙瘴氣的鳥事？曾有個脫口秀藝人說：「英國政治人物的養成歷程就像一年一度的泰晤士河慈善游泳賽，從牛津游到倫敦，只要吃了夠多的屎，最後就可以到達西敏寺。」另一位喜劇演員羅素・布蘭德（Russell Brand）也在最近受訪時，說他從不投票，因為他根本不信任這個體制。

　　面對這些質疑與迷惑，我從不覺得會有個簡單的答案，或有誰可以清楚地「用文明說服我」。但可以確定的是，議會民主其實對於每個人的要求都很高：會選出什麼樣的人也是因為有什麼樣的選民；對公共議題不關心，那就等著被吃得死死的；只想顧及自己的利益，那別人就不會客氣爭取也是他自己的權益。然而，想要活得像個人，本來不也是件很辛苦的事嗎？有選擇本來就是件很奢侈，需要被維護的價值。這麼說來，這些瑕疵似乎也就不是那麼難以忍受，只是需要恆常的監督與修正吧！

黛安娜王妃 Diana ——————

攝影：Gegodeju

　　一九九七年七月一日，香港回歸，查爾斯王子抵港，英國國旗降下，黛安娜沒有隨行，因為他們早已離婚。原來查理王子多年以來另有情人，王妃也索性不忠。聽來像是一襲華美的袍子，爬滿了蝨子。離婚後，八卦小報對王妃的新戀情絲毫不放過，他們去了哪兒做了什麼事，都逃不出狗仔隊的如影隨形。

　　九七年八月最後一天，電視上忽然閃出跑馬燈，黛安娜

王妃在巴黎車禍身亡。那是一個跑馬燈還沒被台灣電視台濫
用的年代，這條新聞無疑讓電視機前的我，訝異起來。開學
後，英文課堂上放了一段她的葬禮中，史賓塞伯爵的悼詞，
作為英文聽力練習。唱片行賣起 CD，是艾爾頓強唱的〈英格
蘭玫瑰〉。

　　後來，在倫敦街頭看到路邊報攤賣皇室成員的面具，黛
安娜的頭像仍在。她離開這個世界很久了，但她仍以各式各
樣的形象，繼續存在人們的日常生活裡。我碩士念完回台灣，
仍然不想和英國斷了聯繫，工作的時候，我常打開 BBC 廣播
二台聽流行歌。有一天，我又聽見了艾爾頓強唱〈英格蘭玫
瑰〉，原來又是她的忌日。

　　再後來，她的兒子威廉大婚、為人父，黛安娜的名字依
舊與皇室連在一起，即使當年的情人如今已是查爾斯的合法
配偶。當人們講起過於擁擠的愛情，討論究竟哪個人才是第
三者，這三人的故事，仍反覆被提起。如果她今日還在，世
界將是如何？那場車禍究竟是不是陰謀，仍舊莫衷一是。

　　我某次偶然踏進哈洛德百貨，才注意到百貨一隅，喪子
的老法耶德為兒子和黛安娜樹立了銅像。一直相信自己兒子
是被謀害的父親，背後究竟是有多堅定的愛，和多巨大的哀
傷？

　　即使在看似不相干的學術題目上，她的身影也存在著。
翻著研究方法的參考書，幾本書都用了她當年接受 BBC 調查
報導節目《廣角鏡》（Panorama）訪問的逐字稿作為分析樣
本。課堂裡，幾個媽媽級的同學，點點頭說她們當年也在電

視機前看了訪問，我心裡暗暗想著回家後要找網路影片來看。據說她在接受訪問後沒多久，她那受盡全世界關注，卻又暗礁不斷的婚姻，總算劃下了句點。

　　後來，黛安娜離婚後的另一段戀情被拍成電影，沒想到影評全一面倒地給予惡評，對照滿街跑的公車廣告，倒顯得尷尬了。

英國女王 Queen

英國女王伊麗莎白二世

也許是看歷史學家露西・沃斯利（Lucy Worsley）的節目影響，我覺得歐洲各國間哪國王子跟哪國的公主聯姻，王朝傳到哪裏，或是因為什麼戰事斷絕，這些歷史故事在我看來異常有趣，一窺皇室前人的八卦，娛樂效果可比閱讀每週《壹週刊》。

英國女王伊麗莎白二世在位已經超過六十三年了，二〇一五年，她打破維多利亞女王的紀錄，成為英國迄今在位最久的君主。若是看過電影《王者之聲》，主角喬治六世便是她的父親。伊麗莎白並非一生下來就被認為是王位繼承人，而因為她的伯父愛德華八世（溫莎公爵）不愛江山愛美人，宣布退位後，依照王位繼承法，由喬治六世繼任。而在一九五二年，伊麗莎白二世即位，還不滿二十六歲。女王很早便誓言要終身為王職服務，不輕言退位，也因此，即便荷蘭、比利時、西班牙王室，都有君王遜位給兒女繼承的前例，伊麗莎白二世並未如此，也使得查爾斯成為全世界在位最久的王儲。

英國王位繼承也在近年有了重大改變：二〇一一年之前，王位繼承順序長子和其他兒子優先，若君王沒有兒子，才以女兒依出生序決定繼承順序（因此沒有兒子的喬治六世由長女伊麗莎白繼承）；二〇一一年之後，則改以不分性別，以出生序決定王位繼承順序，也得到所有大英國協會員國的同意。至於為什麼要得到大英國協會員國的同意？因為女王是大英國協元首。這一點在影集《新世紀福爾摩斯》的〈貝爾格拉維亞醜聞〉中有影射。夏洛克在白金漢宮要打

火機的那段中說：「我又不是大英國協。」（"I'm not the Commonwealth."）

以此推論，威廉王子的女兒夏洛特公主目前排在哥哥喬治王子後，為王位繼承順位第四名，就算日後再有弟弟路易，她的繼承順序也不會被超越。儘管如此，因為威廉和凱特的第一胎是喬治王子，可預期未來的數十年（甚至上百年），若王室一直延續，無意外的話英國都將是「國王」而沒有「女王」了。

光是英國歷史及皇室禮俗，就可以寫成一本書，這篇我想寫寫這幾年生活中看到的女王。不管是電影還是劇場，王室種種也常是題材來源。信手拈來就有海倫·米蘭（Helen Mirren）演出電影《黛妃與女皇》（The Queen），講的是黛安娜車禍身亡前後，女王的反應和她當時遭受的社會壓力。九〇年代王室聲望低落，一九九二年她的孩子先後離婚，溫莎堡失火，也成了她的可怕的一年（Annus horribilis）；再來還有海倫·米蘭演出的舞台劇《朝觀》（The Audience），以每週三首相和女王固定的會面為主題，演出她從登基以來十多位首相的互動。海倫·米蘭扮年輕也扮老，演技精湛，我看得十分享受。每週三首相的朝觀，內容完全保密，也不會對外公開，大抵也是因此而成了劇作家喜愛的題材。

倫敦西區劇場還曾上演一齣《提包攻勢》（Handbagged），也以首相與女王的會面為題，寫的是柴契爾夫人擔任首相時期的種種，柴契爾與女王年齡相距不到一年，她們會談些什麼呢？另外一齣《查理三世》（King Charles III）則直接甘冒

大不諱，描寫並想像女王逝世後的王室。以前要在英國演戲，要將內容送去白金漢宮由內務大臣核發准演證，若是在那個年代，《查理三世》的劇作家搞不好會以叛國罪被起訴。對照現今劇場界的大鳴大放，可想而知皇室在數十年來的轉變有多巨大。

二〇一二年，我們躬逢其盛，遇上女王的鑽禧年和奧運。去了海德公園看露天的鑽禧音樂會轉播，在夏天的草地上吃吃喝喝看節目，最後還有煙火，是個非常特別的經驗。節目安排橫跨古典跟流行，還有眾多喜劇演員串場，最後上台的是保羅麥卡尼，他開玩笑說女王希望他來個老派的結尾，否則她要放科基犬出來咬人。

而女王愛狗也是出了名的，這個哏在後來奧運開幕式，007探員到白金漢宮護送女王到會場的短片中也有用上。老實說，女王本人出現在短片裏，真是讓人下巴掉下來。導演丹尼・鮑伊（Danny Boyle）事後在訪問中透露，原本他本來只是想請女王批准讓他開這個小玩笑，沒想到女王希望自己上場，最後在開幕式上的效果驚人。

不知道是否因為如此高規格的宣傳，那年的《007：空降危機》票房奇佳。為了感謝女王對於英國電影產業的貢獻，她還得到一座英國影藝學院電影獎。典禮上，肯尼斯布萊納爵士（Sir Kenneth Branagh）除了盛讚她的演技之外，還說若女王想要追求演藝事業，現場有很多劇本提案想跟她合作，「但必須警告女王陛下，並不是每個案子都已經有足夠的財源」，這幽默還真令人拍案叫絕。

　　我沒有見過女王本人，我與她最近的距離，搞不好是在每天付錢的鈔票、硬幣、郵票上，而且不同時期鑄造的硬幣，上頭的女王還會隨著時間變老。除此之外，恐怕就是夏天開放參觀的白金漢宮了。

　　另外，每年耶誕節的女王講話，是她難得的完全自己擬稿、沒有其他政府官員置喙的公開發言。隨著科技進步，「耶誕講話」這個從喬治五世以降的傳統，也從廣播、電視、到網路播出。印象最深刻的，是她一九九一年的耶誕談話語錄，後來被做成冰箱磁鐵，我買了一塊貼在冰箱上，雖然我們家另外一個人才是專業譯者，我還是斗膽翻一下：

　　我們別把自己看得太重要，沒有誰能獨占智慧。

　　Let us not take ourselves too seriously. None of us has a monopoly on wisdom.

A ——————— 維多利亞女王 Queen Victoria

　　如果《世間情》的編劇需要靈感，應該可以參考一下維多利亞女王的家族史。

　　維多利亞女王在位期間大英帝國強盛無比，號稱日不落國，因此留下了各種維多利亞：地鐵維多利亞線、維多利亞式建築、維多利亞港、維多利亞車站、維多利亞禮俗，甚至連維多利亞的祕密都是從她身上得到靈感，而只要紀錄片拍印度跟

帝國殖民有關的議題，一定會在加爾各達的維多利亞紀念館取個景。帝國如此風光的同時，家族內的關係其實並不平順。

由於威廉四世沒有子嗣，維多利亞未成年時就知道自己是即位的第一順位。但維多利亞女王的媽媽是位寡婦，後來得到康洛伊爵士（Sir John Conroy）的協助，發展出「肯辛頓系統」(Kensington System)，試圖掌握少女維多利亞的一舉一動，目的是要讓她產生依賴，所以每晚與媽媽同房就寢，下樓要人牽，不能跟別的小孩玩，所有生活細節都會被監視與記錄。不過維多利亞也不是省油的燈，她即位前生了場大病，但抵死不簽下允許康洛伊爵士攝政的同意書，登基之後也立刻把媽媽與監護人趕出去，把媽媽放在白金漢宮附近的住所貝爾格霍夫廣場三十六號（Belgrave Square），讓她看得到吃不到，更鮮少去探視她，一直到媽媽過世才在自己的日記中流露了哀傷與遺憾。

她的愛情當然充滿政治算計，據說當時她有三個選擇，但除了亞伯特王子外，另外兩個她都看不上眼，顯然亞伯特王子深得她的芳心。除了後來各式各樣的紀念場館（V&A 博物館、皇家亞伯特音樂廳等等），歷史學家回顧維多利亞當時的日記，結婚當天，她寫道：「我從來沒有這樣度過一晚！我最最最親愛的亞伯特 …… 他滿溢的愛與情感，給了我未曾想像過的升天幸福感！他擁我入懷，我們互相深吻！他的俊容、他的甜美與他的風度，我要怎麼感謝上蒼賜給我這樣的丈夫！……他溫柔地叫喚我的名字，我從來不曾聽過這麼悅耳的聲音，真是不可置信的恩賜！噢！這是我一生中最快

樂的一天！」真有一種言情小說的飄飄然。雖然更多私密情事都被抽掉了，但許多蛛絲馬跡都證明他們非常「恩愛」。十七年內，他們生了四男五女。對了，為了讓整個故事更狗血一點，其實他們是近親。

　　雖然生了那麼多小孩，維多利亞女王並不喜歡小孩。她曾經寫道：「小孩要到六歲才會長得比較像人一點，不然實在很像青蛙。」她也痛恨懷孕跟哺乳，為此還特地請了個奶娘，歷史學家後來從蛛絲馬跡推測，她很有可能認為乳房是性感象徵，不適合哺乳，專屬於夫君亞伯特（大意如此，我只是比較直白一點）。一般印象中，亞伯特王子是個人畜無害的好人（遞卡），但他也不是沒有算計，當時的歐洲皇室在革命浪潮中震盪起伏，來自當時還沒有統一的德國，亞伯特王子的使命是運用與英國聯姻的政治力量，合縱連橫，把歐洲的局勢穩定下來。因此拚命生，一方面是以後可以讓孩子們去歐洲其他地方和番，二方面讓維多利亞很忙，他可以增加自己對於政治事務的涉入。家事與國事對於這個家族來說，是緊緊相連的。

　　諷刺的是，儘管維多利亞女王對肯辛頓系統深惡痛絕，但顯然不認為用同樣方式對待子女有什麼問題。她應該算是第一代的直升機父母，想要掌控孩子的生活大小面向。跟她發生最多衝突的，莫過於長子柏提（Bertie）了。從小他的成績就很差，維多利亞女王還特地去量了一下他的腦圍，認為他有智能障礙。好不容易還是長大了，在他可以跑去遠處之後，立刻變成脫韁野馬，只要是維多利亞女王痛恨的事情，

他一定毫不猶豫地去做。有次他召妓被抓包，結果父親亞伯特跑去跟他懇談，不知為何要在大雨中做這種事，結果回溫莎就一病不起，這下好了，維多利亞從此認定是柏提害死了亞伯特（不過後來研究指出亞伯特可能有癌症），此仇不共戴天。自此以後，維多利亞女王整整四十年都穿戴黑色守喪，亞伯特的房間數十年不變，還有維多利亞女王床上也擺放著他的遺物，每年還逼著子女們跟她一起與亞伯特雕像拍照。給兒童看的《恐怖歷史故事》（*Horrible Histories*）對維多利亞女王的描繪就是「哭哭啼啼的胖女人」，大眾媒體也說她是「溫莎寡婦」。

回到直升機父母，哀傷之餘，維多利亞女王的控制欲從未稍減，連遠嫁到德國的女兒也深受其害。有次他們偷偷哺乳餵自己的孩子，結果還是被抓包（皇家情報系統都在做這種事嗎……），維多利亞女王氣得寫信罵她：「妳是乳牛嗎？！」；另外，女兒的經期也被詳細記錄，作為安排皇家舞會的依據。而長子柏提不意外地繼續挑釁她，維多利亞有次說：「柏提的問題，就是他的個性太像我。」的確，好色、貪心又火爆，兩人如出一轍。即便如此，最後柏提還是順利繼位，成為一位還算稱職的英國君主。

在維多利亞女王過世時，歐洲有十九國皇室都是她的直系血親或姻親，算是達成了亞伯特王子的心願。前陣子 BBC 推出紀錄片，用史料說明這一大家子的恩怨情仇，甚至跟一戰爆發有或多或少的前因後果。而最近肯辛頓宮也推出新的展覽，用比較個人的角度去看待維多利亞的一生。或許小時

候的疏離對她影響很大，她一生都在追求某種不受拘束的解放，卻又無法離開能給她安全感的有趣男人。即便在亞伯特過世之後，她身邊還是有些不合世俗眼光的的陪伴，包括一個蘇格蘭侍衛與一個印度老師。即使貴為君主，對於親密關係的需求還是跟凡人沒什麼不同。皇室歷史也許離凡人很遙遠，但其中的愛恨情仇與家務事，其實是每個人的親身經歷。無論平凡尊貴，家人都是無法選擇的，能選擇的，只能是該如何對待他們罷了。

A ──────── 緊繃上唇 Stiff Upper Lip

讓敝宅室友心花朵朵開的英國男星，除了《新世紀福爾摩斯》的主角演員班奈狄克，當屬 Loki 抖森（即電影《雷神索爾》中飾演洛基的演員湯姆・希德斯頓）了。二〇一四年美國超級盃的廣告大戰中，捷豹（Jaguar）汽車擺出超豪華的陣容，賣車的同時也順便解釋為什麼英國人適合演大反派。當室友看到抖森在直升機上帶著邪氣說：「處變不驚是關鍵。」（"Stiff upper lip is key."），我猜她的感覺大概像是 YouTube 下的某位鐵粉留言：「我的卵巢要爆炸了！」（"Oh, my ovaries are gonna burst!" 形容某人帥到爆炸，讓女性不斷分泌動情激素的狀態）面對抖森如此強勁的對手啊（！），我大概也只能用緊繃上唇處變不驚了。

直譯的話，stiff upper lip 即緊繃的上唇，用來形容英國

人不輕易流露真實情感。因為據說害怕的時候上唇會抖動，所以緊繃的上唇代表的是拘謹自持、堅忍不拔與處變不驚。根據瑪麗皇后學院情緒史中心的研究（我超愛英國這類研究），這種對於英國人的刻板印象並非亙古不變。十六世紀的荷蘭學者初到英國時，曾抱怨這些英國佬「不管到哪裡，整天都在親來親去」；法文中，關於「冷血」、「無感」這種字也比英國早出現許多。一直要到法國大革命後，統治者看到「激情」的惡果，才開始宣揚這種「緊繃上唇」的美德，也有學者認為，英格蘭的公學系統與蘇格蘭的長老教會也都推廣這樣的價值。維多利亞時期的日不落國、一次大戰時義無反顧的參戰、倫敦轟炸時完全不合常理的振奮精神，幾乎都是這種堅忍不拔精神的體現。如果要舉個中國民間故事，大概只有關公在刮骨療傷時談笑自若可以比擬吧！

　　戰後的繁盛逐漸讓年輕人覺得這種精神似乎已經過時，黛妃過世舉國哀悼更是讓人覺得有淚不輕彈的時代已經過去。然而，文化的傳承並不會在一夜之間抹去。隱微一點的，如果在大眾運輸系統中遇到某些不悅，通常淡定是一種約定成俗的美德。被撞到抿個嘴、火車拖班皺個眉，大呼小叫通常也只會被使個眼色。嚴重一點的，倫敦地鐵爆炸案中，大家都捲起袖子做事，隔天的地鐵照常運作，怕是怕，但日子總要過。

　　也許在大鳴大放與堅忍不拔之間，必須達到一個優雅的平衡，才能「淡定前行」（Keep Calm and Carry on）吧。

Ａ ——————————— 地鐵藝術 Tube Art

迷宮（Labyrinth）
Mark Wallinger 作品

　　前陣子倫敦交通博物館才展出一百五十年來各式各樣的地鐵海報，其中最暢銷的，莫過於大衛・布斯（David Booth）在一九八七年幫泰德美術館（Tate Britain）所創作的廣告，布斯巧妙運用顏料管與倫敦地鐵的一語雙關（tube），不但簡潔告知受眾泰德英國美術館所在地鐵站名皮姆利科（Pimlico），也用各色顏料暗示了美術館與地鐵圖的雙重意涵，非常厲害。其實倫敦地鐵正式名稱叫做 London Underground，儘管號稱是「地下鐵」，不過目前有一半以上的軌道都在地面上。從十九世紀末開始，相較於同期巴黎地下鐵的方形車廂，倫敦隧道跟車廂的設計都圓圓的，因此倫敦地鐵才被暱稱為管子（the Tube）。

　　很久以前，跟室友約會時去看劇場鬼才羅勃・勒帕吉

（Robert LePage）的《眾聲喧嘩》（*Lipsynch*），裡面有一小段倫敦地鐵播報，室友興奮地悄聲跟我說：「是皮卡迪里線（Piccadilly Line）！」我當時還暗想，是有需要那麼興奮嗎？後來才了解，這個有點破舊的運輸系統的確潛藏太多的集體記憶與文化象徵。拿地鐵播報來說，室友在〈地鐵北線〉一文中提過堤岸站（Embankment）站獨有的感人故事，後來更被台灣廠商拿來拍成廣告，很可惜在細節上的完成度還是差了一些。

　目前使用的播報音，則是經過千挑萬選，刻意不使用太過「倫敦」的英文腔調，以免國際遊客一頭霧水。該配音員後來自己錄了一些搞笑訊息放在網路上，後來還跟地鐵當局起了一些爭端，這些細節都可以讓人感受到地鐵不只是地鐵，承載的也不只是乘客，還有更多的美麗與哀愁。另一種常在地鐵站聽見的聲音則是街頭賣藝，這可是得經過層層把關與嚴格審核（？）才能進行的工作，看了一篇訪談，結尾問到好不好賺，每位受訪者都笑而不答，想來是商業機密吧。

　接著講視覺的部分，幾乎每位倫敦訪客不可能錯過的，就屬倫敦地鐵圖了吧。這個劃時代的設計是電工哈利·貝克（Harry Beck，原名 Henry Charles Beck）的投稿，本來地鐵局還覺得很遲疑，不過一九三三年推出後大受好評，從此沿用至今，各大都市的地鐵圖也紛紛仿效。這種設計的發想來自電路圖，貝克認為乘客根本不需知道實際距離的地理精確性，只要知道從甲地到乙地要怎麼坐就好了。因此將站與站的距離扭曲，等距構成每個站的連結，因此市中心實際距

離會被放大，市郊則會被縮小。隨之而來的有趣冷知識是，整個系統站間最短距離是皮卡迪里線的萊斯特廣場（Leicester Square）與柯芬園（Covent Garden），僅距兩百六十公尺，初來乍到的觀光客搞不清楚，往往在沒有牡蠣卡的情況下搭乘二十秒（不含進出站），要價四鎊多，堪稱比計程車還貴的地鐵。比較可惜的是，這個美好設計並未讓貝克名利雙收，據稱倫敦地鐵局只付了約現值十鎊的代價，直到晚近倫敦當局才在不同場合表彰了這劃時代設計的原創者。

　　如果地鐵圖本身是某種現實的再製，那地鐵圖的再製似乎又是另一種有趣的投射。室友的美術系校友賽門‧派特森（Simon Patterson）在一九九二年運用倫敦地鐵圖為基礎，把站名換成科學家、哲學家、喜劇演員與運動員等名人，並將作品稱為〈大熊星座〉（The Great Bear），其中一個版本目前收藏在泰德英國美術館。作品的反應兩極，有人認為這種「創作」非常偷懶，只不過是在耍小把戲；但也有論者認為這樣的創作將地鐵圖本身變成另一種社會現實。我比較傾向於後者的解讀，地鐵圖的存在，某方面來說也屬於每個人的倫敦。另一種比較輕鬆的再製，有點像古人在滿天星斗中找尋具象的圖案，地鐵站的動物（animals on the underground）在錯綜複雜的地鐵圖中，找尋動物的痕跡，再配上相應的車站，其實也很可愛。地鐵圖的另一個小樂趣是口袋版的封面，從二〇〇四年開始，不同時期的版本會有不同的藝術封面，在這些小地方作文章都在在顯示當局的用心。

　　地鐵迷注目的另一個焦點，則是各線的顏色與不同設計。

其實這是因應早期不識字的乘客所想出來的辦法，只要看到某個顏色就知道該下車了，但延續至今的發展則更加細膩隱微。比方說在大站綠園（Green Park）中，從銀禧線（灰線，Jubilee Line）走到皮卡迪里線（藍線）的走道，牆壁上的磁磚會從灰色漸層到藍色，這種小小的驚喜真的會讓我覺得地鐵不只是地鐵，雖然又擠又臭又拖班，但總是多了不少可以被原諒的理由。

另一個來倫敦可以尋寶的，大概就是藝術家瓦林格（Mark Wallinger），為了慶祝地鐵一百五十年的作品〈迷宮〉（Labyrinth）了。這是兩百七十幅放在各站的作品。不僅描述了倫敦人對於地鐵愛恨交織的經驗，也強化了各站的獨特性。另外，作品有個小小的編號，那是依照當時最快通過倫敦地鐵紀錄保持人的進站順序來決定。所以如果收集完了兩百七十個站還不過癮，也許可以繼續挑戰最快通過倫敦地鐵系統。講到這個，還有歌手創作一口氣唱完倫敦地鐵站名，我一直想學起來，可是其實很難。

最後還有讓人會心一笑的告示與假告示，每日心靈小語就不提了，倫敦地鐵的站務員總會在奇怪的地方顯示幽默，比方說披頭迷要去朝聖艾比路（Abbey Road），不過常常搞錯站，站務員就在告示中塞了好幾首披頭四名曲，說不定這也能讓敗興而歸的旅客開心一點吧；另一個最近很出名的告示則是地下鐵有鬼，站務員請乘客務必通報，因為這些鬼非法逃票；另外熱門影集開播時，站務員的藝術天分也可以充分展露，《神祕博士》五十年特輯就是個好例子。假告示則

是認真地很好笑，自製貼紙與海報貼在車廂，雖然有些惡搞，但總是能讓人會心一笑。

我總在想，這個老舊擁擠、通訊品質不佳、貴到嚇人的運輸系統為什麼如此令人著迷，自己回頭看上面堆的資料，其實答案很明顯，還是在那些有趣的人物吧。從 A 到 B 一定有許多辦法，倫敦地鐵之所以無可取代，則永遠是那些故事。

A ———————— 英國米字國旗 Union Jack

國旗從來就不會只是面旗子，身為「中華民國 / 台灣」的一員，想必體會更深：何時該拿出來，何時不能拿出來；拿出來代表著什麼，不拿出來又代表了什麼，總有許多不同面向的解讀。英國米字旗的歷史悠久，自然有更多層次的意義與歷史象徵。

英國國旗米字旗被稱作 Union Jack，Union 是聯合之意，Jack 則眾說紛紜，目前比較可信的考據是從掛在船上的航海旗得名，但現在則不限於稱呼航海旗。米字旗的起源是詹姆斯一世結合英格蘭與蘇格蘭，成為「大不列顛聯合王國」後，為了方便王國船隻辨識，結合了代表兩國的聖喬治（白底紅徽）與聖安德魯（藍底白徽）十字架。可以想見有些蘇格蘭人對於紅徽在上不太高興（其實詹姆斯一世本人也是蘇格蘭人），自行製作蘇格蘭版的「聯合旗」，讓白徽蓋過紅徽，不過安妮女王在一七〇七年還是決定維持原設計。到了一八

〇一年，聯合王國合併了愛爾蘭，所以又加了對角線的紅色，代表愛爾蘭的聖派崔克十字架，至此就成了今天看到的米字旗。威爾斯並未出現在旗子上的原因是，在英格蘭跟蘇格蘭合併前，就已經先被英格蘭合併了，算是英格蘭的一部分，後來有議員建議要加個威爾斯龍在旗子上，得到已讀不回的待遇。

經過了大英帝國時期的擴張，這面旗子迅速散佈到世界的各個角落，留下或正面或負面的形象。二十世紀初愛爾蘭獨立，不過由於還有北愛，所以旗幟並未更動，二〇一四年蘇格蘭進行獨立公投，又有人開始討論這面旗子是否要重新設計。但有個不得不正視的事實是，這面旗子目前極受歡迎。幾十年前，這面旗子讓人聯想到的，多半是軍隊、足球流氓，或是英國國家黨（British National Party）的種族主義。但近幾年來，大家似乎又重新燃起對這面旗子的興趣，尤其是二〇一二年的「鑽禧奧運」連續技慶祝活動，更讓街頭無處不是米字旗的存在。一向喜歡自我貶低的英國佬，甚至會揮舞手上的國旗說：「當英國人感覺很驕傲！」（"It's proud to be British."）。中規中矩的皇室、搖滾樂團、藝術家、服裝設計師、奧運選手，忽然讓這面旗子價值連城、商機無限。

也是二〇一二年的倫敦奧運期間，台灣的國旗在攝政街被撤下引發軒然大波。旗子當然不會只是旗子，對我來說，國旗不是像工具人一樣的存在，呼之即來，用完及丟。它理當代表些什麼價值，或什麼國家。它應該要像漫畫《海賊王》裡面的旗幟，飄揚的同時高舉著某些不可摧毀的信念。但要

想為之驕傲前，也許我們該先努力做些會讓自己驕傲的事情，到頭來，國旗也僅是反映了我們是誰而已。

增值稅 VAT

人來人往的車站中，有賣鹹派的小舖

倫敦的物價是出了名的高，我想高消費稅應是原因之一。但一山還有一山高，先前室友去蘇黎世，真正見識到全球最貴城市的消費水準，所以儘管我交代看看有什麼土產好買，

最後只買了巧克力回家。我是稅務外行，在台灣除了十分鐘就報完的綜合所得稅，跟工作時需要開的三聯式發票之外，稅制這種東西很少進入我的腦袋，相信我，看英國政府關於 VAT 的各種說明，儘管英文算平易近人，還是讓我覺得昏昏欲睡。

　　VAT 是 Value Added Tax 的縮寫，可以翻成增值稅，是基於服務或商品增值而徵稅的間接稅（這句話雖然是中文，但看起來真像外星文）在英國是由「女皇陛下稅務海關總署」（Her Majesty's Revenue and Customs）負責收取，簡稱 HMRC，當然如果哪天換成國王的話，就是國王陛下（His Majesty's）。在超市買東西的時候，通常會得到一張感熱紙的收據，上面寫你今天買的東西有幾樣是適用消費稅，有幾樣沒有。買東西的時候，消費稅大多是內含，標多少就是你最後付的價錢；我記得日本是外加，所以最後到收銀檯付會有很多零頭跑出來。而若是使用服務，要廠商報價，廣告上的價格有可能是未稅價，等到報價單到手才發現怎麼比預期貴，其實就是因為 VAT 外加的緣故。

　　博班第一年時正好遇到二〇一一年元月分起調漲消費稅，從原來的百分之十七點五到百分之二十，彼時正好遇到室友抵達倫敦，需要添購傢俱，於是我們趁著週末跑去郊外的 IKEA，第一次在英國的停車場看到滿坑滿谷的人，攜家帶眷趁著價格調漲前買大件家具。我原本還猶豫著要不要買一台印表機，因為消費稅調漲，也就心一橫買下去，畢竟再猶豫，日後看到價差可能會後悔。

　　儘管英國消費稅高，卻不是每樣東西都適用消費稅，也有些商品／服務是免稅，或是零稅率。例如蔬菜水果，醫療服務，公立博物館、文化活動免稅，教育（學費）也是免稅。書籍、雜誌、報紙則是零稅率，記得上課時老師講到這個，說之所以零稅率的理由是人們不應該因為獲取知識而被課稅。然而，電子書目前仍是課稅對象，前陣子偶然還看到一篇學術文章在討論這件事。除此之外，十四歲以下小孩的衣服跟鞋子免稅，對育兒支出來說減輕不少負擔，我偶爾也會想去買大號的童裝，只是我對亮片跟亮粉紅敬謝不敏，還是算了。

　　除了以上舉例的這些具有明確社會福利、教育目的的商品／服務之外，哪些商品免稅、哪些減稅，有一些看來匪夷所思的歸類方式。例如冷凍的披薩、義大利麵等即食食物（Ready meal）是零稅率，可是冰淇淋要課百分之二十的稅；餅乾（Biscuit）有裹一層巧克力的要課稅，但沒裹巧克力的不用。還有就是坐在餐廳吃、外帶熱食要被扣稅，但冷的三明治不用。看到這個我頭都昏了，所以以後去 Pret A Manger 或 EAT 買午餐，最好選冷三明治嗎？

　　幾年前政府打算將鹹派（pasty）列入「外帶熱食」的範圍，開徵增值稅，結果引發許多業者抗議，逼得首相卡麥隆跟財相奧斯朋出面說：「我們也很愛吃鹹派。」只差沒有在記者會桌上擺一排一人啃一個。是說鹹派是車站月台、入口處的常見小食，偶爾飢腸轆轆，聞到香味會忍不住掏錢來買，酥皮包著牛肉、雞肉、馬鈴薯，真是人間美味。可是鹹派出爐後，就放在

燈下保溫，食用冷熱皆宜，難道要稅務稽查員用溫度計一個個確認它是冷是熱嗎？最後這個政策也就取消了。

決定什麼該課稅、課多少，背後總有些複雜的因素。二○一五年，「棉條稅」（tampon tax）這個議題又再度回到鎂光燈下。倡議者認為女性生理用品如衛生棉、棉條等是生活必需品，應該免稅，而非如法令規定的百分之五。然而，由於當時英國仍是歐盟一員，在共同市場的規約下，更改稅額必須牽涉到歐盟的相關稅則，並非英國國內說了算。若需改變，須等到歐盟審議稅率時提出。誰能想到小小一根棉條，背後還有如此大的意義呢？

[A] —————— 倫敦的青年 Youth in London

總覺得不管用哪套指標來評比，倫敦都難以高居「宜居城市」的榜上，這是個又擠又貴、工作難找、食物難吃、天氣又不好的地方。有趣的是，曾經在倫敦停留過的朋友，多半有程度不一的「倫敦病」。不同時間不同場合認識的朋友，幾乎都曾經說過：「真希望我還在倫敦……」完全可以想像此時是迷濛的少女漫畫眼。我跟室友曾討論過，是因為多數我們認識的朋友都是來此求學，懷念當時的無憂無慮，還是倫敦真有什麼令人永不厭倦的魅力？古老的倫敦，為何吸引了一群又一群的年輕人？

如果硬要給個答案，我想是自由的氣息。一座那麼大的

城市，有來自四面八方的人。再怎麼怪異，只要不妨礙到別人，也不會有人多看你一眼。因為大家都很怪，所以你也就正常了。電影《時時刻刻》（The Hours）中，吳爾芙冒著再次精神崩潰的危險，也要偷偷坐火車回倫敦，被老公抓到了還說沒回倫敦沒辦法活，我想大概就是因為這樣吧。前幾個禮拜有篇《觀察者報》的報導，講威爾斯小鎮的叛逆男孩到倫敦做同志陪侍。記者跟著他回到破落的故鄉小鎮，預想到如果他待在鎮上的更淒慘的下場，儘管仍然不知他討生活的方式是否合宜，但筆觸之間又添了更多遲疑。

　　這種自由的氣息也延伸到生活方式的選擇上，儘管倫敦的食衣住行貴到讓人心頭淌血，若不顧一切想留在倫敦，還是有些人進行著不同的嘗試。比方說來倫敦打工的法國女孩，不到一個禮拜就找到咖啡店侍者的工作，與其他十九個年輕人一起住在大房子裡，過著近乎公社的生活；有人覺得超市過期食品被丟掉浪費，專門鎖定某些垃圾箱，找完好無缺的食物當做三餐來源，稱為免費素食主義（freeganism）；有人不滿節節高升的房價，闖進無人空屋或公有地和平占有，稱為非法占屋（squatting）；用過的東西可以捐慈善商店或是免費回收（freecycle），真的沒飯吃也可以找社區的食物銀行。當然不是每個人都能過這麼辛苦的生活，但這不啻是另一種不為物所欲的選擇。但為什麼要待在倫敦呢？難道「人說一切好康的攏底加」？

　　也許是。免費活動一年到頭從不間斷，新奇概念不斷被付諸實行，因為多元，不同的文化不斷碰撞，有時衝突，

但多半可以產生有趣的火花。在二〇一二年倫敦奧運中，聖火是由幾位年輕奧運選手點燃，象徵要「鼓舞下個世代」（inspire the next generation）。也許這個古老的城市，真的有些什麼底蘊可以容納各種不同的聲音吧！

　　當然，一切不是只有玫瑰色的美好。當薪水低到一個地步，工作爛到一個程度，房價沒人能負擔，交通每天打成死結，也許倫敦會漸漸走向衰頹的風景。但在那之前，倫敦還是每天迸發精采的想像，構成一座有趣的城市，進而吸引因為各種原因前來的年輕人。雖然我們嚴格來說越來越不年輕，仍深深為此著迷。坦白說，我也真怕哪天我們離開倫敦，病得比誰都嚴重呢！

零工時契約 Zero-Hour Contract ────

　　在英國，持學生簽證入境的非歐盟學生可以打工，但限制也不少。以攻讀學位的學生來說，現行規定是學期間（term time）可以工作的時數是每週不超過二十小時。聽過身邊的朋友有兼職的，較多是在學校裡工作，其中又以在圖書館工作的居多。

　　零工時契約的形式，是指雇主跟員工簽約，以時數計薪，但是雇主並不保證固定給予各個員工多少工作時數。在此情況下，雇主得以視不同時機的需求彈性調整人力安排、節省人事費用；同時，受僱者也沒有答應、接受雇主指派工作的

義務。聽起來，這樣的工作模式很有彈性，想工作的時候做，不想，或是不需要的時候就休息。對於假期有空的學生，或是找第二份外快的上班族而言，似乎是個不錯的選擇。在英國，無論公私部門，或是非營利組織，都使用這樣的契約方式，甚至白金漢宮每年固定夏季開放時所需要的多餘人力，也用這種合約找人。

　　問題就在於，往往制度在設計時都是用意良善，而落實上常會有意想不到的狀況。正如《衛報》的文章中所說，並非零工時契約有問題，問題出在濫用這個合約形式的雇主。正因為雇主不保證給予員工多少時數，使員工可能面臨本週工作爆量，但下週完全沒事做的狀況，對於需要養家活口，或是有貸款要繳的員工來說，十分不利。同時，也有公司發出班表的預告期太短，造成員工無法預期收入狀況，也無法安排其他份工作來補足收入。更有甚者，即便雇主不保證給予工作時數，卻禁止員工去找其他兼職。凡此種種，都是對受雇者極不合理的要求。二○一三年底，當時的商務大臣文斯·凱博（Vince Cable）宣布要對零工時契約做全面檢視，相關的新聞討論，一直到隔年六月都還可以見到。諮詢之後，零工時契約並不會被禁用，而必須杜絕其他不合理的附帶條件。

　　在倫敦生活這幾年也經歷過幾次大大小小的罷工，無論是地鐵、博物館或是學校教師工會發起的罷工，生活上的不便當然有，但同時也是促進大眾討論勞工議題的契機。資本主義發展至今，勞資關係也隨之進化（雖然看起來不像是往比較好的方向去）。如果不是報紙、媒體窮追不捨的分析跟

整理，我恐怕也不會曉得，原來零工時契約這樣的雇傭模式，會有如此多潛在的問題。勞工問題並非事不關己就不存在，其實種種議題都需要長期的關注，才有改變的可能。這也是在倫敦生活的幾年中，感受最深的事情之一。

光影 · 藝文

班奈狄克・康柏拜區
Benedict Cumberbatch

康柏拜區與湯姆・希德斯頓的
著色本

　　為了寫倫敦的生活經歷，我先列出所有字母，然後一個個想要寫什麼，B 這個字母可以寫的很多，畢竟光名稱裏有「大英」（British）就不少，列了幾個出來，沒什麼特別的靈感，搭地鐵時看到站名，我說不然來寫貝克街（Baker Street）好了，因為福爾摩斯。

　　「妳乾脆寫班奈狄克・康柏拜區（Benedict Cumberbatch）好了。」「耶？對吼！」（尖叫）

　　跟許多他的粉絲一樣，真的讓我注意到班奈狄克・康柏拜區，是因為 BBC 影集《新世紀福爾摩斯》（*Sherlock*）。劇本好，演技佳，吸引人一看再看，看到我後來還把〈貝爾格拉維亞醜聞〉（A Scandal in Belgravia）的一段台詞都背下來，對於金魚腦的我而言，這是非常難得的事。仔細去查

他的資料，才發現自己早在二〇〇七年，就在皇家宮廷劇院（Royal Court Theatre）看過他演出的《縱火者》，但我當時光是搞懂劇情就霧煞煞了，以致於根本沒有什麼深刻的印象。然後也錯過二〇一一年他跟強尼・李・米勒（Johnny Lee Miller）在國家劇院演出的《科學怪人》，懊惱之餘，幸好發現國家劇院有「國家劇院現場」（NTLive）計畫，可以去電影院看當時演出的錄影，雖然跟臨場的震撼不能相比，以約莫十鎊上下的票價看到這齣好戲，也很值回票價。

　　先前為了寫「奧利維獎」報導，需要一些照片，因而寫信聯絡了主辦單位，對方寄來照片後，又寄了紅地毯採訪通知（我明明沒申請啊，怪哉），但想到班奈狄克・康柏拜區入圍最佳男主角獎，幾經思量之後還是衝了，能掛記者證在紅地毯上看到他的機會恐怕也只有一生一次！雖然我心裏默默地想著：都幾歲了還來這裏追星，是我遲來的青春期，還是我已經向師奶之路邁進了？（腦中浮現韓星抵台時，手中揮舞標語的粉絲團。）

　　當天在紅地毯邊站了好幾個小時，經歷太陽小雨和冰雹，直到典禮開始，都沒看到康柏拜區身影，卻又不想錯過頒最佳男主角的時刻，趕忙回家看轉播。最後不負眾望，班奈狄克・康柏拜區跟強尼・李・米勒兩人得了最佳男主角。

　　奧利維獎後沒多久，皇家宮廷劇院舉辦一場讀劇演出，這場演出不同一般表演：演員沒有走位，從頭到尾只是端坐在椅子上，讀演約翰・奧斯朋（John Osbourne）的經典名劇《憤怒回首》（Look Back in Anger）。這個計畫讓英國的當

代演員，以讀劇方式，導演他們最愛的劇作品。記得很久以前聽學校老師提過這齣戲，開場是一個女人在燙衣服，雖然不懂劇情，但衝著班奈狄克，立馬搶了票去看。果不其然，即使是週間，劇院裏還是坐滿了迷妹，只為了親眼目睹他的丰采。當然，散場後，她們也不意外地將演員出入口擠得水洩不通，等著抓住機會跟他握手簽名。

再後來，班奈狄克‧康柏拜區和曾與他一起參加該場讀劇演出的另一位演員蕾貝卡‧霍爾（Rebecca Hall），演出BBC 的另一齣電視劇《隊列之末》（*Parade's End*），劇中扮演英國紳士克里斯多佛‧提真斯（Christopher Tietjens），而蕾貝卡‧霍爾演出他那機車又放蕩的妻子。比起《新世紀福爾摩斯》，這齣戲真是悶到爆炸，因為不忍心看他被老婆欺負，我只好快轉伺候。謝謝班奈狄克，因為他，讓我們增添不少對英國的戲劇還有電影、電視的了解。二○一五年，康柏拜區在倫敦的巴比肯中心上演莎士比亞的著名悲劇《哈姆雷特》，票券啟售時，離演出還有一年呢，全球粉絲迅速地把票搶得一張不剩，創下倫敦劇場史上售票最迅速的紀錄，期待他繼續有更多好作品以饗戲迷和影迷啊！

A ─────────荒島唱片 Desert Island Discs

如果有一天你被流放到荒島上，身上只能帶八張唱片，你會帶哪八張？

這個問題造就了英國廣播史上最長壽的節目《荒島唱片》（*Desert Island Discs*）。一九四二年一月二十九日開播以來，荒島唱片在二○一二年歡慶七十週年，歷經四代主持人，目前接手的是來自蘇格蘭的克絲緹楊（Kristy Young）。節目進行方式是主持人每週找來一位名人，用八段音樂串起他／她的人生片段，讓聽眾得以享受一個完整精采的故事。

我喜歡這個節目的親密與坦誠，克絲緹是一位非常有技巧的主持人，除了事先會把所有能找到的資料都詳加研讀外，她也用一種溫暖同理的態度面對受訪者，讓受訪者能講出平常不輕易出口的人生片段與情感。比方說親人離去、職涯起伏，甚至個人病痛，都以平實而真切方式呈現出來。有次訪問到前任副首相克雷格（Nick Clegg），克絲緹直接問他：「你對於最近被釘得滿頭包有什麼感想？」或在被問到如果去荒島能帶一樣奢侈品的話想要帶點什麼，他的回答是一包香煙。我不禁想，如果在台灣，我猜很可能會有衛道人士抗議吧！這種不會過度修飾的真實，正是這節目吸引人之處。另外，聽什麼音樂可以看出一個人的個性跟氣質，男高音阿爾菲・鮑（Alfie Boe）雖然演唱歌劇，但他選的唱片裏沒有半張歌劇，他跟克絲緹說，叫他唱可以，可是歌劇實在不是他的菜。在音樂中了解一個人，以及他的情感與際遇，對我來說真的是一件很純粹的事。

　　二〇一一年六月十一日，克絲緹說老是聽名人講古也太無趣，因此特別企劃請觀眾票選屬於自己的荒島唱片，介紹前八名，現場也請來幾位專家來評論這個榜單，同時也把一些觀眾比較特別的故事與音樂選擇，放到節目中穿插播放。有個在中東作戰的軍人說，聽到同袍拿著吉他唱迪倫伯（Bob Dylan）〈暴風雨中的避風港〉（Shelter from the Storm），奇妙地在危急的砲火下平靜下來。或有位去過南非的聽眾，聽到小朋友唱當時還未成為南非國歌的南非國歌〈天祐非洲〉（Nkosi Sikelel' iAfrika），由於當時還是種族隔離曼德拉坐牢的時代，這首歌是有名的禁歌，當地人跟他說，可能此生再沒可能聽到這首歌。當他多年後開車在路上聽到廣播上的這首歌，無法抑制情緒，只好把車停到路邊，好好哭個夠，這些故事都深刻至極，音樂能喚起的回憶是如此強大，節目播放的同時也開放推特回應，主持人收到聽眾的推特說：「可不可以不要再播些會讓我流淚的歌，謝謝。」主持人還一本正經地說：「很遺憾，不行。」

　　二〇〇九年起，解決版權爭議的節目全部都放在網路上，供聽眾任意下載。你可以用自己喜歡的歌曲搜尋訪談，或從自己的偶像開始聽起。克絲緹說：「我的前任主持人說過，荒島唱片是廣播界裏最棒的工作，我想我很難反駁她。」身為聽眾，也很幸運有這些充滿熱情的主持人讓我們聽到那麼多名人的人生風景，也可以開始想像那些讓自己陷入音樂回憶的人生片段：如果有一天你被流放到荒島上，身上只能帶八張唱片，你會帶哪八張？

A ———————— 畢靈頓爺爺 Michael Billington

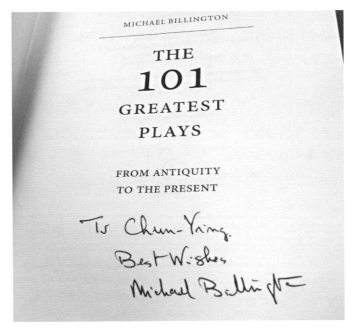

MICHAEL BILLINGTON

THE
101
GREATEST
PLAYS

FROM ANTIQUITY
TO THE PRESENT

To Chun-Ying.
Best Wishes
Michael Billington

畢靈頓爺爺在扉頁上的簽名

一篇理想的藝術評論應該要長什麼樣子？

網路時代興起後，每個人都有管道可以發表自己的意見，這是好事也是壞事。好的是眾聲喧嘩中，總可以看到新鮮的觀點與有趣的想法；但另一方面，過多資訊也淹沒了閱聽眾，很容易讓人感到無所適從。在台灣看過不少影評、劇評或舞評，為數不少都會陷入兩種模式，一種是心得文，先將作品

詳加描述，然後就其中最有感的部分發表心得，此時可能已經與作品本身無甚相關；另一種極端，則是窮盡自身的理論知識，努力把整部作品加以分析拆解批判一番，放入宏大的理論架構，舉凡解殖、規訓或文化資本，都是熱門主題，活像在寫學術論文，但讀完總會疑惑，那這部作品到底好不好看啊？

上面兩種模式或許都有其自身價值，但我認為這不免與作品本身的聯繫稍微遠了些。我理想中的標竿評論，是目前在《衛報》任職的專業劇評麥可・畢靈頓（Michael Billington），敝宅暱稱他為畢靈頓爺爺。他看過的戲，大概比我們吃過的米還多。一九三九年出生的他，從一九六五年起開始寫評論，至今仍筆耕不輟，上次讀他某篇莎劇評論，裏面寫道跟一九七〇年的某一個製作比起來，似乎少了點什麼，簡直都要叫娘子出來看上帝了！

當然，我喜歡看他評論的原因，絕非只因為他看戲多、資歷深，這只要撐得夠久都能做到。他在一篇訪談中提到，評論的工作有兩個層面，一是身歷其境的報導，二是鼓勵理想製作的產生。如果讀他的評論，你會發現他很少有沒有根據的斷言。不管從文本、製作、演技或技術層面，他都可以告訴你好在哪裏，不好在哪裏。我不是特別在意被爆雷，也不排斥事先看劇評，但看他的劇評很少會覺得有被爆雷的不快感，他只會透露跟他行文相關的劇情大綱，讓你不管看戲前或看戲後讀，都會覺得有所收穫。

另一點讓我欽佩的地方，大概就是他對戲劇的熱情了，

七十五歲實在也可以休息了，但他還是有驚人的產出。有次
《衛報》讀者不同意他的評論，在下面不客氣地留言，老人
寫不出好評論就該讓位了。他本人在下面不卑不亢地回答：
「我每天進戲院看戲，從不覺得是工作，我還是保有彷彿最
初看戲的熱情，看到好戲的感動，還是跟當初一樣。」該位
讀者後來就沒有回應了。我很喜歡這種堅持：別人喜歡也做，
別人不喜歡也做；能賺錢也做，不能賺錢也做，能檢驗自己
熱情的最好方式，或許就是在一切外在條件都欠缺的狀態，
自己還是想做，只有這時候，才比較確定是真貨吧！

　　畢靈頓爺爺也在二○一五年推出新作，寫他認為最偉大
的一百齣劇作。在簽書會中，大概因為長得跟其他人不一樣，
他順口問一句：「你跟劇場有什麼關係嗎？」我回答：「我
太太曾在台灣的國家劇院做事，這幾年我們在倫敦看劇場都
有讀你的劇評，非常有參考價值。」他說：「原來我還有來
自臺灣的讀者啊，真是榮幸。」真是個有紳士風度的老爺爺。

　　最後引用一段電影《料理鼠王》裏柯博先生（Anton
Ego）對於評論家的評論，我很喜歡，翻譯如下：

　　多數時候，評論的工作都是容易的。我們承擔的風險甚
微，卻因那些提供他們自身作品供我們品評的人，而享有崇
高地位。我們靠著寫來讀來都有趣的負面批評成名，但我們
這些評論者必須面對的苦澀事實是，拉遠一點看，平庸的垃
圾作品可能比我們對它的批評更有意義。然而還是有些時候，
評論者真實地面對風險，那就是對於「創新」的發現與捍衛，

這個世界對於新的人才、新的創造通常都很不友善，「創新」
需要朋友支持。

我猜，畢靈頓爺爺如果看過這部電影，應該也會同意這
個說法吧！

A ——————————————— 葛漢・諾頓秀
The Graham Norton Show

在華視《超級星期天》的全盛時期，我常默默期待禮拜
天，想起來有點好笑，不過是個綜藝節目，內容也不甚「營
養」：玩些小遊戲，找幾個久未聯絡的朋友（「超級任務」
這單元還有人記得嗎？完全透露年齡⋯⋯），到底為什麼會
吸引我呢？後來學到一個英文字叫 chemistry，硬要解釋大約
是「有 fu」的意思。真的說起來，綜藝節目注重的也就是那
個 fu，看了會大笑、覺得溫馨，有被娛樂到。就我看來，有
fu 的綜藝節目其實很稀少，即使有 fu，能維持一段時間的節
目更是鳳毛麟角，成功的節目多半一再自我複製，最後哏就
被玩爛了。

來到英國後，發現神器 BBC iPlayer（BBC 數位化的影音
串流服務，之後會專文介紹），電視兒童如我如獲至寶，流
連忘返。有時覺得紀錄片太嚴肅，電影太長，想看點比較有
娛樂性的，就會找綜藝節目來看，說服自己是在練英文加文

化洗禮，第一個愛上的節目就是《葛漢・諾頓秀》。

　　這是個訪談性節目，大概有幾個段落，首先由主持人葛漢・諾頓「說故事看圖」：先說個聽起來很冷的故事，後方截圖出來才會發現笑點；主軸是請出數位不同類型的藝人上節目，通常的組合是一位主要影星、一個配角，再加上一個喜劇脫口秀藝人，這些人不見得都有關係，但通常可以製造出很好的化學作用；訪談告一段落會有當紅的音樂表演，最後則是「大紅椅」挑戰，由觀眾坐上大紅椅說自己的故事，如果夠好笑，或合主持人的心意，就可以安然離開，否則會整個連人帶椅直接被扳倒。

　　從二〇一一年剛來時看到現在，通常都很有 fu，看完都有被娛樂到的感覺。這一方面應該是主持人葛漢・諾頓的功力，二方面則來自用功的製作團隊。說用功，是觀眾真的看得出他們在明星上節目之前，上窮碧落下黃泉，找出任何有趣的相關軼事或八卦，然後由主持人用很娛樂的方式把故事引出來，有時候甚至可以讓來賓之間互相聊起來，講出更多好笑的糗事。

　　訪談性節目多不勝數，在華人圈子很紅的《康熙來了》也是一例，我曾遇過中國人、香港人、新加坡人，馬來西亞人，只要我說是台灣來的，他們就會跟我說：「你們的綜藝節目好好看，尤其是那個《康熙來了》，我們這裏真的做不出來。」我自己看過幾集，的確有些做得不錯，但偶爾非但沒被娛樂到，還會有點被輕微冒犯的感覺。雖然這種事情不用太認真，但總忍不住會想為什麼。

　　直到有天在看《葛漢‧諾頓秀》的時候，好像理解到其中的差異。葛漢‧諾頓的諷刺總是點到為止，通常以自嘲居多，笑自己身材差、腦袋不靈光、運動神經不行。真的要笑別人，也會確定那是別人的優點。但《康熙來了》比較爭議的幾集，主持人通常會流露出一些莫名的優越感，或譏諷別人的痛處。另外，葛漢‧諾頓節目上的軼事，通常都不會讓人覺得刺探隱私，軼事與隱私之間的微妙界限，似乎達到很好的平衡。

　　當然必須說這個節目很威，幾乎什麼明星都請得到，瑪丹娜、湯姆漢克、茱莉丹契、裘德洛、強尼戴普等等。節目上也不忌諱讓他們談要宣傳的作品，但比較不像台灣綜藝節目，在開頭以沾醬油帶過的方式進行，而是在整個節目談製作時的趣事，我認為不管對節目或藝人來說都是雙贏，當然這又回到企劃能力跟主持人的功力了。

　　之前的舊住處因為地方小，室友跟我共用一張工作桌，面對面坐著，儘管我已經戴上耳機儘可能不要打擾她，但這節目常讓我忍不住笑到發抖，後來她就規定我，在她工作時不准看。不禁想，台灣的綜藝節目還有辦法讓人看得笑到發抖嗎？

A ——— 英國廣播公司節目播放平台 iPlayer

我最愛的廣播節目《荒島唱片》每次結尾，主持人都會問來賓：如果可以選一樣奢侈品帶去荒島上會是什麼。關於這個問題，我的回答肯定是 iPlayer，儘管這選擇肯定會被打槍，上次有人想帶報紙上去，就被嫌棄太不與世隔絕了。iPlayer 是適逢近年英國推動電視數位化，BBC 所做的線上影音網站，從劇情片、紀錄片、喜劇片、影集、音樂應有盡有，並設定七到三十天的觀賞時限，於是我就呈現一種瘋狂看卻看不完的情況。也不只是我，許多住在英國的宅男宅女們都跟我提過 BBC iPlayer 是假日最佳休閒。

數位化聽起來很潮，從東京鐵塔變天空樹，從 Sony 變成 Apple，媒介的轉型造成了媒體生態的劇變，但媒介了什麼內容也是極端重要的，如果數位化的結果只是把一堆沒有人看的東西新瓶裝舊酒，我想還是不會有什麼太好的效果。

BBC 多數節目的精良品質自然不在話下，也因此經常可以在 YouTube 或其他字幕組的嘗試找到 BBC 的節目。iPlayer 吸引我的另外兩個原因是英文字幕與畫質：可以自由開關的英文字幕簡直就是學英文的神器，要深入了解英國文化幽微之處，看各式各樣的喜劇益智嘲諷脫口秀，真的是我強力推薦的方式，如果今天我對英國的生活各個面向能有些比較持平的觀察，多半是歸功於此，而為此付出的代價則是常因為笑太大聲被室友念：「可不可以克制一點，這樣我要怎麼工作？」再來是畫質，如果家裏頻寬夠的話，《冰凍星球》

（*Frozen Planet*）當然是要看 HD 啊，自然史紀錄片還出現馬賽克實在是讓人囧到不行。這項嘗試一開始不斷被國會議員攻擊，認為花了大錢卻沒有達到預期的數位化成效，但這幾年卻有了整體態度上的轉變，逐漸成為媒體數位化的標竿。

不只是形式，在內容上 BBC 也下了很大的功夫。我常在想，在這個資訊爆炸的時代該如何自處。不同訊息、不同面向、不同觀點總是讓人無所適從，但我慢慢體認到，每個人都有權利講話不代表每個人講的話都有一樣的價值。iPlayer 的存在，讓我這個電視兒童有幸看到高品質的電視節目該長什麼樣子，搞笑的認真搞笑、研究的認真研究（只要是歷史紀錄片的 credit 一定可以看到研究員，甚至連綜藝節目後面的研究功課也做得非常徹底）、主持的認真主持。然後好的節目總是常青，做個十幾二十年並不是非常困難的事情，從來不會讓人覺得歹戲拖棚。

有時候會擔心離開英國以後看不到怎麼辦，不過現任的 BBC 總裁湯尼‧霍爾（Tony Hall）最近在研擬如何提供 iPlayer 訂閱者加值服務，以饗海外閱聽眾，希望那一天趕快來臨，台灣的朋友也能不用再抱怨國內的惡劣媒體環境，投入好節目的懷抱。據我所知，中華電信 MOD 其實是有 BBC 頻道的，不過還沒有完整的節目。做為工具，網路總有好的一面與壞的一面，iPlayer 對我來說，就是讓人感覺開心的進步。

A ———————————————— 悲慘世界 Les Mis

　　在《新世紀福爾摩斯》裏看到編劇調侃《悲慘世界》，
應該是要我寫一篇介紹（大誤）。

　　《悲慘世界》這齣音樂劇的原名是 Les Misérables，可
能因為英國觀眾不太會法文發音，於是在英國簡稱 Les Mis
（音近「壘密思」）。目前本劇紅遍全球，殊不知當年差點
在首演後被腰斬。這個故事是這樣的：《悲慘世界》原本的
法國創作者在英國看到《孤星淚》（Oliver）深受感動，也想
做一個法國版的類似作品，於是想把落落長的雨果鉅著《悲

慘世界》濃縮成一部音樂劇，寫完之後在巴黎搬演，不過三個月合約到期下檔，並未引起什麼特別的注目。後來導演把概念音樂寄給英國明星製作人卡麥隆‧麥金塔（Cameron Mackintosh，音樂劇《貓》就是他做的）。

當初卡麥隆想，拜託，劇名法文就算了，看起來還悲慘的要命，怎麼可能會賣？

不過後來還是找了皇家莎士比亞劇團（Royal Shakespeare Company）合作，把法文版改成英文，想辦法把原始概念擴充完成，好不容易終於一九八五年十月八號在巴比肯藝文中心（Barbican）首演。演員說，演完後製作人的習慣是把大家找來吃個飯，不過那頓飯大家都跟參加喪禮一樣食不下嚥，原因是被劇評批得一文不值。我看到的訪談有一段說得尖刻：「音樂劇就已經夠糟了，比這個更糟的，大概只有法文改編的音樂劇了。」劇評當然都是把雨果原著讀完才來的，因此批評的重點可能是太煽情，弱化雨果的故事線，平淡如水的台詞等等。總之如潮惡評讓卡麥隆開始猶豫要不要演完就算了。不過已經付了西區皇宮劇院（Palace Theatre）一大筆訂金，只好硬著頭皮上了。但奇妙的事情發生了，有天卡麥隆經過票口，看到人山人海，一問之下才發現自己的製作賣到一票難求，這時他忽然覺得可能有點搞頭。

後來的故事大家應該就比較熟悉了，在倫敦大賣，在紐約大賣，全球各種語文版本搬演，電影翻拍。十年在皇家亞伯特廳的紀念版，二十五年光在倫敦就有三種紀念版。即使古怪的法文名字與相對複雜的劇情，也沒有阻止觀眾的

熱情。我曾在紀錄片中看到超好笑的軼事：工作人員有天在戲院外面聽到有人賣黃牛票，大喊：「拉子反抗（Lesbian Rebellion）兩張！拉子反抗兩張！」工作人員本想去糾正他發音的，不過想想算了，不知道買到黃牛票的觀眾有沒有一種被騙進去的感覺。

　　而我自己對於《悲慘世界》的記憶，是從哥哥買來的十年版 CD 開始，當時他很著迷，常常整天放，小時候最讓人熱血沸騰的當然是人民的怒吼，或是芳婷自傷身世的陳年舊夢。大學去紐約玩的時候順利排到了《悲慘世界》的半價票，好友還說最好複習一下劇情，不然一直換景頭很暈，都不知道現在演到哪裏。比如賈維自殺一幕因為舞台設計的關係，是讓所有布景往上拉，如果沒搞清楚，實在會霧煞煞。當初仍是霧煞煞地看完，霧煞煞地感動。到了倫敦，室友找到了便宜的好位置，這是我在倫敦看的第一場音樂劇。走在繁華的蘇活區，我還跟室友說：「直到現在我才覺得自己生活在一個觀光都市中。」位置好可以近距離看表演，才發現音樂劇真是磨人，要唱、要演、要入戲，一不小心就被發現破音或情緒不對，觀眾真要苛刻起來實在很難討好。但奇妙的是，感動依舊在，即使明知戲院中每天都在革命，還是入戲太深地流了不少眼淚。

　　我想《悲慘世界》之所以動人，說不定在於某種程度上的多聲多部吧。即使主角尚萬強散發人性光輝，但他起初又偷又搶；現在許多人都在嘲弄入戲太深的宗教信徒，可是拯救主角靈魂的也是個神職人員；賈維食古不化，但他不是堅

守了自己的道德原則嗎？學生們唱著人民怒吼慷慨激昂，但
最後卻幾以全軍覆沒收場；芳婷處境堪憐，但浪蕩青春不也
同樣可能被鄉民看輕嗎？在戲中，也許每個人都可以找到一
部分的自己，或又否定另一部分的自己。這戲有多少種聲音，
人生就比這複雜更多倍。戲裏戲外，這齣音樂劇都帶給我無
限回憶與樂趣，希望這齣超過三十歲的作品能以更多不同精
采形式再戰三十年。

 ———————————————— **皇后樂團 Queen**

英國戲院外皇后樂團的主唱佛萊迪塑像

　　寫音樂文章最花時間的不是寫本身，而是不小心在網路
上把過去經典全部重看一遍。更讓人困擾的是，皇后樂團的
經典不只耐聽，還要看那驚人的表演跟戲劇效果。結果還沒
寫出幾個字，就花了一整天回味，真是糟糕。

提到皇后樂團，運動迷最耳熟能詳的，大概是〈我們是冠軍〉（We are the champions）與〈我們要震撼你〉（We will rock you），無論哪種賽事都百搭。前幾年如果有在倫敦市中心走跳過，很難錯過一尊金光閃閃的樂團主唱雕像，手指天空，不可一世。那裏是音樂劇表演《我們要震撼你》的劇院，前陣子剛結束十二年的演出。即使其他成員也很重要，核心人物還是非早逝的主唱佛萊迪‧摩克瑞（Freddie Mercury）莫屬。儘管前些年其他成員試圖復出，但似乎更彰顯了佛萊迪無可取代的個人魅力。

佛萊迪原名 Farrokh Bulsara，是在東非（今坦尚尼亞）出生的印度帕西（Parsi）人，兒時在東非跟印度長大，受英式教育，直到東非發生暴亂才來到倫敦郊區。在學校裏學的是藝術，皇后樂團的團徽就是他親手設計的。先前在寄宿學校他就有組團，畢業後他做過不少工作，也認識了一生的伴侶瑪麗‧奧斯汀（Mary Austin）。玩了幾個團，最後認識了吉他手布萊恩‧梅（Brian May）與鼓手羅傑‧泰勒（Roger Taylor），換了幾個貝斯手，直到約翰‧迪肯（John Deacon）加入後整個樂團才正式定型。

他的豐功偉業實在一言難盡，或許直接進影片會比較快。布萊恩‧梅曾說，他就是有本事緊緊抓住演唱會所有觀眾的目光，即使你站在幾萬人中的最後一排，也會覺得他在對著你唱歌。佛萊迪自己則說，歌迷就是要來看你表演的，這本來就是一場秀。然而，台上這種誇張的舞台風格與鮮明的個人魅力，卻與他私下的生活有很大的反差。他幾乎不接受任

何訪問，因為他不喜歡跟陌生人說話，對自己的隱私也是極端保護。儘管生涯後期罹患愛滋病的傳聞甚囂塵上，他在過世的前一天，才由經紀人發表公開聲明。

我覺得他最令人著迷的地方，也許就是這種充滿衝突的人格特質。在舞台上眾人瘋狂，私底下寂寞害羞；常說自己的音樂像免洗刮鬍刀，用完即丟，卻不斷試著突破，做出新的東西；跟瑪麗‧奧斯汀雖然後來沒了愛情，卻視她為唯一的親友；滿口髒話、生活逸樂，對音樂卻無比真誠。而這些互相矛盾的特質也只會在倫敦開展。如果不是大英帝國的擴張，在東非出生的帕西人不會跑來倫敦；成名作〈波西米亞狂想曲〉（Bohemian Rhapsody）要發行的時候，唱片公司覺得六分鐘太長，曲式又複雜，怎麼可能上廣播，佛萊迪後來說：「英美兩地主管都說別鬧了，不過我們在英國逃過一劫。」原因是有 DJ 聽到愛不釋手，偷拿了一片去播，一個週末播了十幾次，不紅也難。

他跟瑪麗‧奧斯汀的關係更是耐人尋味，他們在七〇年代初交往，一九七六年佛萊迪開始跟某男性唱片主管交往，結束浪漫關係，但從未離開瑪麗，他在一九八五年的訪問說：「我的愛人們都問我為什麼他們無法取代瑪麗，但這根本不可能，我唯一的朋友就是瑪麗，我也不要其他人，對我來說，她是我法定的妻子，對我來說，這就是婚姻，我們相信彼此，這就夠了。」過世之後，他也把大部分的財產都留給了瑪麗，也許外人很難想像這究竟是怎麼樣一段關係，但我相信這比許多好萊塢銀色夫妻的生活都還要真誠；而到了後期，他

對於歌劇與芭蕾的興趣益發濃厚，〈我要解放〉（I Want to Break Free） 後半段的舞蹈就相當驚人（前半段則是戲謔地反串英國長壽肥皂劇加冕街，結果竟被 MTV 封殺），〈巴塞隆納〉（Barcelona）更是跨界合作的典範，還成了奧運的主題曲，至此，藝術與商業也許沒那麼大的差別，重點只是做得夠不夠好。

他迷人的地方，說不定也是倫敦迷人的地方：兼容並蓄，多元豐富。儘管不是每個人都能接受，或甚至驚世駭俗，可是倫敦成為一個匯聚的所在，對於沒有塞進餅乾模子裏的不同多了點寬容，一個城市的夢想，應該要建立在這種有一點點危險的心靈解放與自由之上吧。

A ———————— 兩個榮尼 The Two Ronnies

The Two Ronnies 是英國有史以來最紅的喜劇節目之一，顧名思義，就是兩個榮尼的意思（廢話）。這是由榮尼・巴克（Ronnie Barker）與榮尼・寇柏特（Ronnie Corbett）所組成的雙人拍檔，稱霸整個七、八〇年代的英國娛樂節目，收視率最高峰時曾達到兩千萬人。還有另一個小故事可以證明這個長青節目的高人氣：另一個知名英國製作人約翰・洛伊德（John Lloyd）曾弄了個嘲諷節目叫做 Not the Nine O'clock News，大約可以譯為《非典型九點新聞》。這個節目酸皇室、酸政客、酸名人，幾乎無所不酸，也因此收到抱

怨信是每週基本盤。不過他們的寫手不知道哪根筋不對，有天忽然想要酸《兩個榮尼》，嘲諷他們的節目老套、充滿性別偏見與重複無聊的梗。結果收到四面八方雪片般的抗議信，還驚動 BBC 高層進行調查，洛伊德後來受訪說：「酸女王都還沒那麼嚴重！」

我第一次知道有這個節目是二〇一〇年的 BBC 耶誕特別節目《一個榮尼》（The One Ronnie），當時榮尼‧巴克已經過世，因此 BBC 企劃了其他的喜劇演員輪番上陣，與榮尼‧寇柏特同台演出。其中流傳最廣的，莫過於「我的黑莓機不動了！」短短一個片段中使用各種雙關，雙線進行的合理劇情，意在言外的促狹表情，實為上乘之作。當時英文不夠好，我跟室友還反覆看了好幾遍推敲，時至今日，每次看還是非常有樂趣。後來看了不少英國的娛樂節目，許多喜劇演員都會說《兩個榮尼》是經典中的經典，好奇之下在 YouTube 上看了不少片段。雖然已經是幾十年前的製作，看得出歲月的痕跡，但是製作品質、笑點鋪陳，以及精湛演技真的也都水準非凡。

這個節目的開端純屬巧合，在某個頒獎典禮中，因為技術問題讓原本的節目停擺，主持人在台上徵求喜劇演員撐場面，兩人自告奮勇又說又唱，結果台下竟然坐了兩個 BBC 的大頭（BBC1 總監福克斯與輕娛樂主管寇頓），寇頓對於這個組合非常驚艷，轉頭跟福克斯說：「讓他們去你的電視台工作如何？」從此開啓了兩人成功的職業生涯。節目的形式相對穩定而簡單，通常有新聞播報、奇怪的派對、熱鬧歪歌雜

匯演唱、小人物情境模擬、小哥（寇柏特以矮個子著稱）愛
說笑等等。多看了一些片段才知道，在黑莓機裏面使用的巧
妙雙關，其實只是一貫的形式而已。如果看他們的經典之作，
比方說在段子「問答遊戲」（Mastermind）中，對於語言的
掌握真是令人歎為觀止。在段子中，答題者選擇在主持人問
問題之前回答，編劇則利用時間差將笑點藏在裏面（如：「驢
（donkey）跟驢（ass）之間有什麼差別？」「一個是工會領
袖，一個是內閣閣員。」「完成以下引言：『活下去，或是
赴死……』？」「兩者是一樣的。」）語言運用之精準已經
如臻化境。這其實不令人意外，如果去看編劇名單，都是上
上之選，整個國家最會講笑話的人，幾乎都參與過劇本的編
寫。而兩個榮尼也從不馬虎，許多認識他們的人都說，他們
排練之認真，幾乎沒有其他的從業者可以比擬，節目上看起
來再自然不過的動作與台詞，都經過無數的演練與微調。

　　這樣的認真還有一個插曲可以講：這個節目接受外稿，
如果寫得好也會擇優演出。有天製作單位收到一位名為傑洛‧
威利（Gerald Wiley）的投稿，覺得寫得很不錯，鼓勵他來上
班，不過這位神祕的先生總是婉拒出面。直到有一天他終於
鬆口說大家可以來見個面，製作單位在餐廳等了半天，最後
榮尼‧巴克終於承認是自己偷偷投稿，但怕製作單位礙於他
的面子過不去，勉強接受不好笑的作品，於是匿名投稿，希
望得到比較客觀的評價。我覺得這實在是再嚴謹不過的工作
態度，因為喜歡自己的東西，所以不希望被自己搞砸，也不
會在乎自己的作品是否被接受，純粹出於對節目的愛而已。

　　這個節目的結束也值得大書特書，榮尼‧巴克因為身體因素，決定從此退隱江湖。於是他們一如往常地錄了節目，然後巴克與寇柏特帶著自己的太太四個人好好吃了一頓飯，巴克從此退休，沒有別人知道。而退休後巴克就待在太太在小鎮開的古董店裏，也不張揚，就笑嘻嘻地招呼顧客。這種「我已經把我該做的事情做完，沒什麼好遺憾，也沒什麼好說嘴」的態度，對我來說實在令人動容。一直到二〇〇四年，巴克才又真正復出與寇柏特錄製一些特別節目。不幸的是，巴克在二〇〇五年過世了，另一個很溫馨的故事是，由於他們的經典段子「四根蠟燭」，他在西敏寺的葬禮走道上擺的都是四根蠟燭（平常是兩根）。

　　榮尼‧巴克在接受英國影藝學院電影獎的終身成就獎時，曾說：「我今天站在這裏，只想說：『何其幸運！』」我在想，我們也何其幸運，有這麼多堅守自己崗位的工作者，做出水準非凡的作品，讓我們見證看似打打鬧鬧的喜劇可以做到什麼樣的水準。

A ———————————————— 小氣財神 Scrooge

　　老哏之所以可以跨越時空成為老哏，通常有他的道理，耶誕節老哏「小氣財神」便是個歷久彌新的好哏。而一個故事的力量，甚至可以帶來整個節慶的復興。許多學者都認為，當代耶誕節的慶祝形式，其實是從狄更斯這本微小說

（novella）開始流行的。（當然，當年亞伯特王子引進聖誕樹與聖誕卡片也功不可沒。）

　　在倫敦，《小氣財神》的各種演出不勝枚舉，朗誦的、歌唱的、戲劇的、跳舞的。BBC 在二〇一〇年時用《超時空奇俠》（*Dr. Who*）改編《小氣財神：特別版》，儘管已經對故事很熟悉，還是覺得這個百看不厭。這故事總讓我回味無窮的地方在於，狄更斯似乎從沒想過要把小氣財神寫得很壞，他只不過是遭遇了一些不堪的過去，使他成為一個鐵石心腸的小氣鬼。而透過小小的耶誕奇蹟，使他領略到了節慶真正的精神。

　　為了更加了解這個故事，我跑去搶了名額有限的狄更斯博物館冬季徒步導覽行程。導覽員帶著我們走過狄更斯的倫敦，以及《小氣財神》故事可能出現的相關地點，並說明狄更斯寫這個故事的動機與緣由。他說：「這個故事成功結合了耶誕節節慶（大吃大喝，放假休息）的一面，以及精神性（給予、關心、人性）的一面，成功復興了英國的當代耶誕。」他還到處進行 TED 式演講（誤），引來爆滿的觀眾，維多利亞女王也很想聽，想召他去宮廷裏說書，據說他的回答是：「這個故事是說給普羅大眾聽的，想聽就跟大家一樣付十分錢來聽。」維多利亞女王後來還是沒有成行。

　　這麼說來，小氣財神其實是個可愛又迷人的反派角色，而學者的研究也指出，其實他體現了當時（說不定也是現在）的時代精神：「日頭赤炎炎，隨人顧性命。」故事裏面有段社工跑來募款，說沒有他的捐獻有人會死，他說：「減少多餘人口不是很好嗎？」（細心一點的讀者應該會想到馬爾薩

斯的人口論）。面對工業革命時代的劇變倫敦，面對未知的焦慮不安一直籠罩每個人的心中。但狄更斯要傳達的訊息是，我們不知道未來會怎樣，但如果我們從現在開始改變如何對待別人的方式，是不是也能讓我們自己快樂一點，或以一種比較溫暖的方式被別人記得？

莎士比亞 Shakespeare ———————

在我喜愛的英國電影《愛是您，愛是我》裏頭，由休葛蘭扮演的首相在片中演講當中的一段話，算是點到了今日所謂的文化「軟實力」：

我們也許是個小國，但它是個偉大的國家。有莎士比亞、邱吉爾、披頭四、史恩・康納萊、哈利波特、貝克漢的右腳。貝克漢的左腳也是。

We may be a small country but we're a great one, too. The country of Shakespeare, Churchill, the Beatles, Sean Connery, Harry Potter. David Beckham's right foot. David Beckham's left foot, come to that.

老實說，在我到英國之前，我知道莎士比亞很偉大，也看過一些改編版的莎劇如《威尼斯商人》，以及電影《羅密歐與茱麗葉》；但我從沒認真讀過劇本，以致於到了這把年

紀，還在後悔當年沒去戲劇系還外文系旁聽莎劇；當然，每次去看莎士比亞之前，我都得灌上一杯咖啡，以確定我不會中途睡著，尤其是聽那些 thee 啊 thy 的文言英文，真令人暈頭轉向。

在奧運年，莎士比亞環球劇場做了三十七種語言演出三十七種莎劇，我沒有挑戰看完全部；然而光是這個計畫的規模和野心，就足以見莎士比亞的影響力，不管是大英博物館的莎士比亞特展，還是奧運開閉幕式的引言，確實是讓我又再度燃起想好好看完莎劇的決心。

這一兩年英國劇場的莎劇作品不成比例地高，有一推論是因為政府補助變少，導致劇團在新作上趨向保守，故演莎劇、打安全牌；另一方面，從雷夫·范恩斯（Ralph Fiennes）演《暴風雨》、詹姆斯·麥艾維（James McAvoy）演《馬克白》，或是凡妮莎·雷葛芙（Venessa Redgrave）演《無事生非》，巨星演員踏上舞台演莎劇，我相信是對於技巧和文本的重溫；另一方面，當然會吸引衝著主角而來的追星族進劇場，藉此讓他們認識莎士比亞、認識劇場，也是美事一樁。如果不是因為寫跟《亨利六世》相關的文章，我也不會認真地去把薔薇戰爭的歷史搞清楚（還順便看了 BBC 的影集《白皇后》），只是越看越多，越懷疑莎士比亞腦袋到底是什麼做的，怎麼可以寫出這些，他該不會其實是外星人吧？

你喜歡看莎士比亞的戲劇嗎？為什麼？BBC 曾播出一部關於莎士比亞的紀錄片《火之繆斯》（*Muse of Fire*），原本收看只是為了打發時間，沒想到意外地好看。兩位演員想知

道為什麼學校裏頭都教莎士比亞，但很多人怕它、躲得遠遠的，為什麼？除了訪問路人之外，還問了那些曾演出、執導莎劇的劇場人、電影人，又是如何看待莎劇的？歷經四年，從倫敦出發，去了丹麥拜訪《哈姆雷特》場景所在的城堡，還到了美國，訪問到伊恩‧麥克連（Ian McKellen）、茱蒂‧丹契（Judi Dench）等傳奇演員，還有巴茲‧魯曼（Baz Luhrmann，李奧納多版本的《羅密歐與茱莉葉》電影導演），讓名人談心中對莎士比亞作品的心得，非常精采，幾年下來的經驗，讓我們了解到，也許莎士比亞並沒有離我們那麼遠。

看戲隨筆 Theatre Notes ———————

以前遇過愛聽古典音樂的長輩說他不喜歡去聽現場，原因是覺得規矩很多很煩。我的確是不能反駁什麼，特別是連咳嗽都得小心翼翼的音樂會，大概真不是很多人的菜。據說當今這種規矩多多，觀眾被期待安靜欣賞的劇場模式是很晚進才形成的，在莎士比亞時期，看演出還可以一邊看一邊吃牡蠣。

先前坐在楊維克劇場（Young Vic）的觀眾席裏看《櫻桃園》，觀眾席是可拆卸移動式的，上回演出《慾望街車》時是環形觀眾席，舞臺在中央，這次就回復成單面觀眾席，大概是為了拆卸方便，也為了空間考量，觀眾座位間沒有扶手，前後距離也不大。看著前座男士梳得整齊有型的油頭，我忽

然領悟劇場是個多麼親密的空間，若以自己為圓心，前後左右直徑兩公尺內坐的七八人，多數都是萍水相逢，在這兩三小時內我們卻必須彼此共享香水味、呵欠、鼓掌和笑聲。頓時明白為什麼曾有人提議若每個人買完戲票就上網「推特」一下，或公布在臉書上，不僅讓想一起去看的朋友可以方便選位，同一場的其他觀眾還可以選擇要坐在誰旁邊。

這提議聽來真有點毛毛的，難怪沒人響應。倒是曾聽說有人因為不想被陌生人破壞自己看電影的經驗，一口氣買了九宮格位子，確保四周沒有旁人干擾。遇上幾次旁人在場內吃東西（撕開食物包裝的噪音，以及努力咀嚼聲）、還有偷照相（手機的亮光跟閃光燈教人不注意也難）的經驗之後，我可以明白買九宮格的心情。想想，有很多劇場規則，深究起來也就是為了不要干擾臺上演出，也不要干擾別人看戲吧。有時等節目開演沒事做，會把節目單上給觀眾的叮嚀從頭看到尾，找找每個場館特殊的規定，例如皇家歌劇院在觀眾席不能飲食，而且提醒咳嗽的觀眾前台備有喉糖，千萬不要客氣；另一間劇院則希望觀眾不要把大衣跟包包放在座位底下，以免影響空調系統通風，等等。我猜想很多場館都會做相似的提醒，希望每場演出都圓滿。儘管如此，看戲時還是會遇上不曉得該說什麼好的狀況：後頭的老兄每個笑點都放聲狂笑，以致於沒法聽到接下來的台詞，但若叫他不准笑，這也太嚴厲了。又或是在樂段間睡著，在安靜的片段間以鼾聲伴奏，該把他搖醒嗎？

前些日子去看戲，旁邊坐了一位女士，身上的香水聞起

　　來很甜，也很熟悉，或許因為戲有點悶讓我分心，大概有四分之一的時間，我都在想「我到底是在哪聞過這個味道」，直到演出結束眾人鼓掌的那刻，我終於想起來，那是歐舒丹的櫻花香水，幾年前曾經買過還噴完整罐，無怪乎此味似曾相識。或許若干年後再講起這齣戲，都會想起一股不合劇情的櫻花香。

　　另外，看戲的時候我總是喜歡提早半個小時到劇院，可以悠哉地領票、買節目單，上個廁所，也可以舒舒服服地把節目單看完，順便看看劇場之後的節目預告。但偶爾也會遇上塞車，或是轉車沒接上的狀況，在開演前五分鐘才奔去領票，再喘噓噓地跑上樓，也不是沒發生過的事情。

　　觀察了一下，倫敦這邊看戲的觀眾，多半得在催場鈴聲粗魯地響起後，才願意慢條斯理地進場，開演前在酒吧買了尚未喝完的紅白酒，因安全考量全部得換成塑膠杯進場，熱飲則常是不能帶入場內的。某次我們買了杯茶，沒辦法帶進場內，問酒吧櫃檯說可否寄放，櫃檯說可以啊，只是會冷掉。我們不介意，只是不想浪費。櫃檯說喔那中場前我會再幫妳添好熱水，放在場外編了號的飲料櫃檯，妳中場就可以喝。果然中場出來，茶已在那兒等著。

　　正因為大夥都在同時間進場，因此若是座位在邊上，就得不斷地站起來讓人過，而若位子剛好在正中間，只好不停地說「借過」「抱歉」「謝謝」，席上的人也只好一直回「沒問題」「沒關係」「不客氣」。很久以前被教導在這種情況，應該背向舞台，面向觀眾席借過，畢竟給人家看尊臀不太禮

貌。幾次進進出出後，發現惱人的是帶了大包包的觀眾，就
這樣任它放在地上讓人跨過，只怕絆倒了端著酒的人，台上
還沒開演，台下就先來了場抓馬。我有時想，也許劇場應該
像航空公司登機，座位號在中間的人先入場，最邊邊的人則
可以多喝兩口酒，在場外等等。

記得去看皇家宮廷劇院（Royal Court Theatre）的《二〇
七一》，坐在最邊邊的視線受阻位子，入場時發現坐中間的
人還沒到齊，決定先在走道上等一會兒。兩位女士來了，問
我們坐在邊上嗎？可否跟我們換位子？女士之一是今晚待命
的醫生，萬一演出中必須趕赴醫院，她不想打擾到我們。「沒
問題。」坐定後她說我們人真好，我問說那妳可能得中途離
席嗎？她說：「嗯，希望不要被叫去。」還好七十五分鐘沒
中場的演出，我們都順利看到最後。

A ───────────────── 廣播電台 XFM

我念建中的時候有兩個新成立的廣播電台，一個活到現
在，一個只活在我聯考前的那個夏天。

早上坐公車上學會聽台北愛樂，魯特琴與大鍵琴叮叮咚
咚的莫札特與巴哈，配上一車的小綠綠，心情總不會太差；
而其他時候，我通常都會轉到另一個比較生猛有力的搖滾台，
名字聽起來像在賣藥的「大樹下廣播電台」，任何時間轉過
去播的音樂永遠都是跟其他地方不一樣的。印象中有馬世芳、

小樹、Ricardo 之類的強大主持人。那時放的音樂簡直是苦悶高中生的救贖，相較於商業台的反覆打歌傾向，這台似乎完全看 DJ 的心情。到現在好多歌都還是我反覆放的心頭好，比方說要關台前放的〈打烊時間〉（Closing Time），每次什麼地方要結束時，總會讓我想起這首歌。後來據說是股東與經營者有些糾紛，短暫的絢爛也就悄悄消失在台北。

　　在戰後的英國，廣播當然是由 BBC 制霸，面對這樣的媒體巨獸，還是有人想要聽點不一樣的聲音。六〇年代開始有了「海盜電台」的興起，在英國的脈絡下，海盜電台一開始是跑到歐洲其他地方廣播回英國，讓當局抓不到，盧森堡電台就是一個例子，甚至還有英國 DJ 專程飛過去工作。另一種型態是鑽法律漏洞，在外海進行廣播，卡洛琳電台便是其一。這類電台都有足夠的聽眾與商業廣告的潛力，因此欣欣向榮。不過好景不常，BBC 發現自己的觀眾大量流失也不會坐以待斃，一九六七年 BBC Radio1 成立，把原本在海盜電台工作的 DJ 挖來，從此新型態的流行音樂正式在 BBC 登場。不過小規模的地下電台仍然此起彼落，DJ Sammy Jay 原本經營的一家獨立電台 Q102，終於在一九九七年取得執照，改名為 XFM，風格以另類搖滾為主，捧紅了不少 DJ。中間一度有經營不善的狀況，現在的取向則偏主流（另類）搖滾。對重度成癮歌迷來說，似乎是某種「違背初衷」的選擇，也有評論認為 BBC Radio 6（專門播放另類音樂）現在比 XFM 有趣的多。

　　我自己對 XFM 的記憶，其實停留在友人家中。那是剛來

不久、獃頭獃腦的時候，友人的媽媽來過農曆新年，他邀了
我跟室友去他們家一起閒聊吃好料。不到中午就到，一直吃
一直聊一直吃一直聊，記得那天好像半夜才回家，還順便帶
了蘿蔔糕跟紅豆年糕。當時廚房裏的收音機就是放著 XFM 的
音樂，其實早就不記得放過什麼曲子，只記得那天非常開心、
非常溫暖。時至今日，收音機已經變成復古商品，線上廣播
的應用程式日新又新，再也不用等在收音機前面就可以下載
節目。廣播電台會不會也成為歷史呢？我並不那麼悲觀。音
樂能喚起的記憶，電台能帶來的感動，也許不是每天能遇到，
但遇到了，也就是一輩子的事。

☒ ──────────── 齊格星塵 Ziggy Stardust

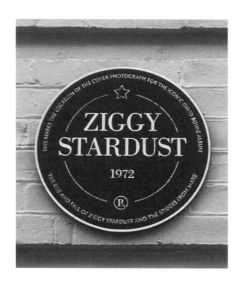

　　齊格‧星塵是大衛‧鮑伊（David Bowie）創造出來的
舞台人格，當時推出的專輯叫《來自火星的齊格星塵與蜘蛛
樂隊浮沉錄》（*The Rise and Fall of Ziggy Stardust and the
Spiders from Mars*）。在專輯概念中，齊格是個外星人，為
年輕人帶來愛與希望（還有性、毒品、搖滾樂）的末世彌賽
亞。他在〈星際人〉（Starman）一曲中宣告另一批宇宙旅行
種族無限者（infinites）將穿越黑洞而來，降落在格林威治。
隨著時間過去，齊格藉由無比的精神力與「信徒」（樂迷）
的信念維持生存。無限者到來之後，因為他們是反物質，所

以需要把齊格撕成碎片才能現身，因此有了最後一首歌〈搖滾樂自殺〉（Rock 'n' Roll Suicide）。

聽起來像是個超中二的科幻故事，但鮑伊忠實地把這個人格「呈現」出來，雌雄莫辨，表演服裝艷麗到連團員都覺得「真的要穿這個嗎？」加上誇張的舞台演出與肢體動作，在日本、北美與英國瘋狂演出六十場後，一九七三年七月三號，他在倫敦的哈默史密斯奧帝安劇場（Hammersmith Odeon）將這個角色賜死。他說：「在所有的演出中，這場演出將會流傳最久。不是因為這是這次巡迴的最後一次演出，而是因為這是這個團的最後一次演出。」這場傳奇性的演出當然流傳了下來，現在自己也是傳奇的創作女歌手的凱特・布希（Kate Bush）說：「我當然有去看那場演出啊，怎麼可能不去。」還有一個一直沒辦法證實的謠言是，台下某些歌迷因為太傷心所以開始群交（？！）

這驚世駭俗的故事，到今天看來仍是不減威力。但鮑伊並沒有在捨棄這個讓他大紅大紫的人格後停滯，反而不斷前進，創造出更多元豐富的音樂。甚至在貌似退隱十年之後，二○一三年以一鳴驚人之勢推出了個人第二十四張專輯《翌日》（The Next Day），V&A博物館也在同年策劃了一個專展「大衛・鮑伊是」（David Bowie is）。

跟其他這個系列的大多數文章一樣，我想表達的是，也許世上只有像倫敦這種地方才可能孕育出這種豐沛的創意。我想原因並不是倫敦特別有錢，或倫敦建設有多好，或倫敦人很紳士。關於倫敦的刻板印象，也許還有更多更多。但我

最喜歡倫敦的一點，是那無窮無盡的創意與表現。不會每次都成功，也不是每次都很安全，但總是很有誠意地想要試著有趣，想要告訴別人自己在想什麼，想要找出一種更合適自己的生存之道。

對我來說，自由並不建立在是否可以選擇大杯冰拿鐵或是中杯卡布奇諾，也不建立在可以購買 iPhone6 或 Android。自由是找到自己真正的聲音，勉力在各種現實中找到平衡點，理直氣壯地值得自己的生活。倫敦比較有這種氣息，也比較沒在管你是否已經勾了人生清單中的哪些成就。要賺錢很好，倫敦有的賺；要自由也很好，倫敦可以給你自由。當外在體制不再能完全主宰你的價值觀與行動，這個世界也許才會更加海闊天空一點。

對了，當年驚世駭俗的齊格星塵兄在倫敦街頭拍下專輯封面，四十年後，他誕生的地方掛上倫敦藍牌，紀念他的存在。物換星移，但牆上的懸掛路燈仍在，倫敦隱身巷弄間的文化魅力，莫過於此。

凝視・城市地景

A ———— 倫敦交通應用程式 Appy London

　　標題其實是個無聊雙關：英國有些腔調（如東倫敦的考克尼方言〔Cockney〕中 h 是不發音的），剛來時得花不少力氣在腦中自動轉換，所以聽到 appy 其實是 happy；另外，有不少人要把名詞變形容詞的時候，就會直接在字尾加個 y，最顯著的例子是烹飪作家奈傑・史雷特（Nigel Slater）：很薑（gingery）、很檸檬（lemony）、很巧克力（chocolatey）、很耶誕（Christmassy），因此 appy 也可以解釋成「很多應用程式」。所以標題的無聊雙關便是「快樂倫敦」，或解釋成「很多應用程式的倫敦」。

　　在只有智障型手機時，生活也不會特別不便，出門帶本地圖集，順便帶個有導航功能的室友，多半不會有大問題。跟台灣比起來，倫敦蘋果貴得咬不下去，而且為了能 3G 上網，電話費還會每月倍增，算來算去兩個窮酸鬼遲遲沒有行動。不過終於還是在 iPhone 5 推出之際，決定買下了特惠的 iPhone 4S。從此以後，出門什麼都可以不帶，手機可不能忘：手機是行動祕書，電子郵件都在裏面；是計算機，超市購物湊滿額必備；是地圖，走到不知道哪裏得拿出來看一下。

　　假會如我，為了將使用效益最大化（i.e. 用夠本），拿到手機後立刻去搜尋 iPhone 必備十大免費應用程式清單，將應用程式下載後整理成數個項目方便尋找。最近想想，儘管為物所役終究不是件好事，但能在生活中食衣住行育樂都用的上，實在是種恩賜，在我看來，手機的優勢在於定位能力、

即時性與媒介多樣性。如果應用程式可以結合這些優勢，就會變得很有威力，這篇要介紹的是一個強大的交通相關應用程式。

如果有「在倫敦只下載一個應用程式」的名單，Citymapper 應該可以名列前茅。雖然程式看起來非常美國，某種程度上卻是土生土長的倫敦貨。在美國受教育的巴基斯坦開發者阿茲馬·尤瑟夫（Azmat Yusuf）幾年前搬來倫敦，跟大多數新警察一樣，對複雜到不行的大眾運輸系統感到困惑。科技背景加上商管碩士讓他開啟問題解決模式，決定自己寫個應用程式來搞定。其實這個問題已經有過許多解決方案，包括大魔頭谷歌地圖的公共運輸選項 Google Transit，以及一些倫敦專屬的大眾運輸應用程式，如 Tube Map。但不過四年時間，Citymapper 已經拓展到數十個城市，並且被蘋果當做年度應用程式宣傳，甚至還邀請放入 Apple Watch 中。究竟，他是怎麼辦到的呢？（商周腔）

以一個使用者的角度來看，應用程式的優勢在於精確的路徑、友善的介面，以及資料整合的方式。尤瑟夫認為，倫敦非常適合開發這種應用程式，不僅因為這個超級大都會複雜無比，也因為各方釋出的資料可以讓應用程式發揮強大的功用。這些資訊包括倫敦交通局（Transport for London）公布的公車即時動態、地鐵營運狀況，以及谷歌地圖的資源，現在更將叫計程車程式 Hailo 加以整合。所以想去倫敦什麼地方，只要輸入地址、郵遞區號或地鐵站名，就會出現路線、時間與價格（這個價格是牡蠣卡標準價，並未考慮或合併其

他狀況，不過這又是另一個故事了）。而路線也有多種選擇：預設推薦、純公車、純地鐵，以及雨天備案，並納入當時即時交通動態加以考量，比方說某條線故障或某班公車拖班等等。最好笑的是，選單最下面還會給你一個「未來選項」，看要用投石機、飛行器，還是電訊傳送，只消一分鐘就可以到目的地，唬爛地很可愛。

一般人對於創業的想像，可能認為一項好產品的誕生，只要悶著頭做別人沒做過的東西，只要「夠好」，不怕沒人會來用，總是在意「無敵」的技術規格，看著競爭者做什麼就做得比他更好，或者拚命想要「國際化」。但以這個成功案例看來，好的產品應該基於真實的需求，只要能夠細膩地滿足需求，那怕是看起來毫無希望的紅海市場（沒有雙關意圖），也可以做出優異的成績。最少最少，即使什麼外在成就都沒達成，至少做了一件解決自己困擾的好事。其次，一樣產品要夠好，必須建立在無數前人的累積上面，想要憑空生出什麼好的東西很難，「破壞性創新」通常並不見得是歷史發生的真正過程。

A ———————————————— 布洛克利 Brockley

二〇一〇年十二月二十八日清晨，經過了十多小時飛行，終於抵達希斯洛機場，室友千里迢迢橫跨整個倫敦來接機。耶誕節與節禮日（Boxing Day）剛過的倫敦顯得有點冷清，

由於地鐵部分停駛，所以到市中心後還得搭一個多小時的公車才能到住處。我記得當時還問室友：「為什麼每個人面色看起來都那麼陰沉啊？」室友妙答：「你以為你是來加州嗎？」總之我們落腳的地方叫布洛克利（Brockley），車站傳出的延誤廣播是我對倫敦第一個聲音印象。

此處距室友學校僅一站，治安相較周遭區域好些，室友念碩士時住在這邊的宿舍，重回故地也很合理。傳統上是倫敦較未開發、經濟也相對弱勢的區域，如果翻開倫敦的旅遊書，通常會直接略過這裡，然後跳到更東邊的格林威治。有次拍了附近的照片給朋友看，朋友說：「你們是住倫敦的鄉下嗎？」但地上鐵（Overground）開通後，近年來布洛克利常被形容成房地產市場的「遺珠」，我們住了兩年後，要搬離時其實相當捨不得。這個小地方有很強烈的社區性格，有熱心人士架設的地方大小事網站，有波西米亞風的雜貨店，每月定期還有農夫市集可以買便宜豬腳，「進城」不會太不方便，實在是很理想的居所。二〇一一年倫敦騷亂爆發時，東區的路易舍姆（Lewisham）、西區的佩克罕（Peckham）、南區的克羅伊登（Croydon）、北區的紐克羅斯（New Cross）都不太平靜，相對來說，布洛克利的事態並不嚴重，我們都說這裡還滿像「沙漠中的綠洲」。可能也因此近幾年的房價水漲船高，縉紳化的趨勢相當明顯。布洛克利的發音近似花椰菜（broccoli），所以也有人以此設計了周邊商品，來表現對於此處的認同。有次跟一位新認識的朋友閒聊，他說很巧以前在倫敦念書時也住布洛克利，臨別前他還誇張地

說：「跟布洛克利傳達我的愛。」現在想想，人不親土親也就是這回事吧。除了有趣的地方特色外，大街上還有不少好吃的東西：中國人開的炸魚薯條店總是大排長龍；越南兄弟開的迷你河粉店是我們在倫敦吃過最滿意的；晚上看表演回家餓到不行還有卡巴店可以墊墊胃；停電時得找個地方取暖只好去吃好吃但所費不貲的假掰餐廳。

在這裏住上一段時間後，似乎感覺到某些對家的不同觀點。比如說花園很重要，寧願住遠一點也要有花園；比如說房子不見得要新，老房子自己修出原本的風格才是王道；比如說「好區壞區」沒有那麼截然二分，豪宅隔壁可能就是一整片社會住宅。這些觀察不見得完全精確，但這些幽微的不同總是挑戰我對家的貧乏想像，在倫敦落腳的第一站留給我們無限美好的回憶。

Ａ ──────── 棄嬰收容院 Foundling Hospital

玩過樂透嗎？願意花多少錢在上面？如果可以的話，會拿命來賭嗎？十八世紀的倫敦，還真有這種玩命的方式。當然，這其實是個悲慘的故事。那是個物慾橫流的時代，但貧窮的問題在大都會可是一點不少，到處都可以看到流落街頭的孩子與棄嬰。退休船長湯瑪斯・柯倫（Thomas Coram）本來只想回倫敦養老，但實在看不下滿街的嬰屍，於是努力陳情遊說，經過十七年的四處奔走，終於說服一群紳士淑女

向喬治二世請願，進而在一七三九年得到特許，而成立了棄嬰收容院（Foundling Hospital），專門收容棄嬰，負責養到二十歲。消息一傳出，簡直供不應求，但院方根本不可能收容那麼多孩子，所以弄了一個摸彩箱，抽到白球可以入院，抽到紅球是候補，抽到黑球就請回。據記載，入院以後的存活率是百分之五十，但回到街頭幾乎是必死無疑，還有些圖畫描繪抽到黑球的心碎媽媽。

　　當然，現在很少會再碰到這麼極端的狀況，但可以合理推論的是，你還是無法決定自己會被生在什麼環境下，父母的社會經濟地位為何，有什麼稟賦等等。如果可以選擇的話，你會想賭這一把大的嗎？政治哲學家羅爾斯（John Rawls）根據這樣的想法設計出無知之幕，他認為一個有理性的人在無法確知自己可以得到什麼的情況下，應該會想辦法降低風險，讓自己即使在最差的情況下也能存活。如果接受這樣的理路，是否應該重新思考「三分天註定，七分靠打拚」的邏輯？生在有錢人家當然沒有錯，靠自己的才能賺錢也不錯，但這一切真的完全都可以歸因給自己嗎？如果至少有部分來自於人生大樂透的話，能不能接受社會制度至少應該有對最不利的人們更偏心一點？

　　故事並沒有結束在這邊，有時組織命運也跟個人命運一樣：「人生親像海上的波浪，有時起有時落。」（是有多喜歡〈愛拼才會贏〉？）

　　收容院成立之初，船長柯倫的好友兼名畫家霍加斯（William Hogarth）決定友情贊助，畫了一幅船長肖像掛在

大廳。在霍加斯加持下，孤兒院轉身成了一個人氣畫廊，民眾湧入看畫，也看看孩子，這個計畫甚至演變成為年度展覽，維持院方收入。另一個有名的贊助廠商則是作曲家韓德爾，一七五〇年他在這邊的教堂親自指揮《彌賽亞》，獲得七千鎊的資金，根本就是個成功的社會企業案例。而由於韓德爾的成功演出，教堂也變成一個非常時髦的聚會所，後來前來聽講的名人還包括狄更斯。

在管理方面，院方會將收容的棄嬰男女嚴格分離，若是不幸過世，連墳墓都分兩邊。小時先由寄養家庭負責，養到一定歲數再由院方統一收回管理。到青少年以後，男的送去當學徒，女的訓練成女傭。另外，為了讓媽媽跟小孩都能好好重新做人（媽媽通常是被男方遺棄無力撫養，或根本沒有結婚），院方幾乎不會讓媽媽或小孩有任何的聯繫。

這些安排一直到維多利亞時期應該都還是順利運作，但時間進入二十世紀，這樣的處理就有些不近人情了。二〇一四年年初，收容院最後一批收養的院童中，有人把自己的經歷寫成書出版，雖然不免有些怨懟，但也能理解這些出於善意的舉動，不過只是過時而已。而收容院後來也轉型成柯倫兒童基金會，為兒童福利繼續努力。

在不同的時代做一樣的事情卻有不一樣的結果，組織如此，人也是如此。回到人生大樂透，我們往往看著自己手上的東西，覺得這也是我掙來的，那也是我應得的，其他人只是羨慕嫉妒恨，憑什麼跟我分？但一旦看清許多自己所擁有的，其實有很大程度得之於他人，更甚者有時只是純粹運氣，

或許我們會更甘願追求一個比較平等的社會。

佛伊爾斯書店 FOYLES ———————

　　一個城市如果少了書店，它的人文景色必然失色許多。

　　在這個網路書店興盛的時代，在書店買書的機會的確減少很多。不可諱言，網路書店可以給予的折扣常低到刀刀見骨，自從亞馬遜跟谷歌圖書（Google Books）提供預覽服務後，買書前先去書店翻翻這件事也可以在網上完成。書店，成了消失中的風景。前些日子，發現我家附近的雜誌書籍連鎖店 WH Smith 給出極為優惠的折價券，讓我頓覺狀況不妙，果不其然，夏天過完，該址成為一鎊店，而我若想走路去買書，大概就得投靠二十四小時營業的特易購，不是一個讓人很開心的改變。該如何如何不讓實體書店消失，也避免網路

書店壟斷市場，一直是文化政策的大問題。

　　佛伊爾斯書店是我在倫敦認識的第一家書店，當時剛到學校上語言課，老師介紹我們去買牛津字典，對於學習很有幫助。推薦的地點是查令十字路上的佛伊爾斯旗艦店，當時對面還有柏德思（Borders），兩棟書店各有支持者。踏入佛伊爾斯就讓人目眩神迷，分類詳細，連文具禮品都叫人愛不釋手。上下共五層的建築，的確是會讓人逛得暈頭轉向。或許是店裏的座位有限，所以盤踞看書的人並不多。去那兒買書，還可以順便去中國城補貨，是好地方。佛伊爾斯旗艦店先前改裝遷移，完工後再訪，發現它的咖啡店提供的餐點口味不錯，是個市中心歇腳休息的好去處。

　　另一家我們也很愛去的分店則是在皇家節慶廳的佛伊爾斯，每次去聽音樂會前，總也是會喜歡進去摸摸看看，有次還買到頗為特別的禮物。若是學生，持有效學生證去辦會員卡，還享九折優惠。

　　除了它之外，我們在倫敦比較常逛的，大概就是水石書店（Waterstone），和羅素廣場（Russell Square）附近的史庫比（Skoob，books 的顛倒）二手書店，另一家無意間邂逅的，則是但特書店（Daunt Books），它的內部裝潢和陳設，古色古香地，彷彿時間就此停止流動，它家漂亮的書袋也讓我愛不釋手。在書架間尋寶，掃視有趣的書名，找到可能早已絕版的書籍，甚至不用等待書寄達就能開始享受閱讀，讓逛書店這事依舊吸引我，且樂此不疲。

金史密斯學院 Goldsmiths ———————

金史密斯學院一隅

　　寫到 G，當然是金史密斯，因為它是我們之所以落腳倫
敦的原因。Goldsmiths College，中譯名稱有好幾種，如「郭
德史密斯」、「高登史密斯」、「金匠」、「金史密斯」，
我個人偏好最後一個，感覺比較對稱。

　　抵達學校，深夜裡見到的是燈火通明的圖書館。白日再
探，看來歷史悠久的走廊上，有各式各樣學生隨便亂釘的布
告，找室友、學樂器的，啊，我真的回到學生生活了。但這

個學校語言課真是有夠精實，為什麼語言課會讀後現代理論的羅蘭巴特、德希達跟傅科呢？彼時像一隻腦袋被煮熟的番鴨，後來才知道，跟文化研究中心讀的東西比起來，語言課的東西恐怕是小菜一碟。開學之後，發現小小的校園熱鬧至極，在身上打洞穿環的不在少數，學生的染髮也五彩繽紛，但廁所有點難找。碩士班同學四十個人有二十六種國籍，在倫敦各大表演場地穿梭上課，去圖書館啃書，回宿舍跟樓友一起煮食。學電影學設計學攝影的樓友各有各的畢業製作，果然如我遇到的一位他校學者所言，金史密斯地方很小，人很擠，但很有活力。

　　博士班幾年間，看著金史密斯有大大小小的改變，嶄新的新學館（New Academic Building），後因紀念文化研究學者史都華‧霍爾（Professor Stuart Hall），改名為他的同名館，是個冬暖夏涼的綠建築，可以遠眺聖保羅大教堂跟碎片塔。開幕時，因為學生不喜歡邀來剪綵的貴賓，還發起了抗議。另外，名為天安門館的學生會，把招牌變成中文，本來略顯陳舊的圖書館，不僅重新裝潢，還二十四小時開放，裡頭更多了咖啡店。

　　儘管如此，許多事情依舊保有著金史密斯的風格，例如抗議漲學費衝第一、學生表達抗議，把圖書館占領起來；某堂課的老師可能告訴你，她下禮拜決定響應工會號召，罷工去；因為反對連鎖超市在大型店距離不到一哩的情況下，還想在校門口開分店，而發起學生聯署（雖然最後還是開了，但為了支持獨立商店，我還是會去隔壁有機店買東西）。

　　寫了這麼多，忽然發現很難把金史密斯一語道盡，剛巧看到校長的註腳，我覺得還挺貼切的：「金史密斯就像酵母醬：不適合某些人，他們也清楚得很；但對其他人來說卻非常對味。」 當然，依照金史密斯的慣例，你也可以不同意，也可以挑戰這句話的正當性。

希金斯咖啡店 HR Higgins ———————

　　話說益者三友，友直、友諒、友多聞，我之所以會知道，也是因為學長帶路，才得知這間隱身在鬧區裏的咖啡店。比起旅遊書上介紹的蒙馬斯（Monmouth）咖啡店，它較不為觀光客所知，幾次探訪，都有分謐靜感，算是我的私房店吧。另外一個較不為人所知的原因，可能是它的咖啡、茶價格不斐，偶爾特殊時節買一點過過癮還好，要長期喝，得掂掂口袋深度。

　　說實在，我雖然供餐多年，而且食客多半時間只有若且唯若的一名，可說到咖啡跟茶，大概只能勉強喝出好喝不好喝，偏酸還是不酸；咖啡因之於研究生，必要性大概是排在陽光空氣、水、之後的第四名，大部分日常喝也都是選超市特價牌；然而希金斯這家店，光踏進去聞到的香氣，就覺得溫暖宜人，店內保留有許多老派的茶罐、磅秤、計時的沙漏等，很有歷史感。店內還供應來自台灣的茶葉，以及有一隅茶室，可以讓顧客在店內稍坐喝茶，吃點點心。

　　除了咖啡之外，它們的調味茶也是一絕，記得我們買過一款店員推薦的藍淑女（Blue Lady），混合柑橘香味，一百二十五克包裝其實也可以喝很久。雖然很久沒買了，還記得當初店員包裝時，拿油紙袋裝好、秤好，俐落地封口，再綁上繩子固定，老派地很合我胃口。

　　值得一提的是，他們是皇室御用的咖啡供應商，因此店門口跟櫃檯後方都有皇室御用紋章，一九七九年由女王頒發。因此，在二〇一三年，希金斯也參加了在白金漢宮舉辦的女王加冕五十年節慶，為此還有一款以此為名的特調咖啡可買，記得自己曾興奮地點進去看，嗯，兩百五十克賣十鎊，足足是超市牌的好幾倍，最終還是沒有入手。

[A] ─────────────────── K2 電話亭 K2

　　我曾趁著特價買了一件電話亭圖樣的 T 恤，自以為很潮。某友看到後，直盯著電話亭裏面的圖案看，我問她在找什麼，她回答：「英國的電話亭裏都有色情小廣告，我想看這圖畫得夠不夠仔細。」

　　倫敦街景中，少不了觀光客打開破破的電話亭門，拿起話筒假裝講電話，再要求旅伴用現在真正拿來講電話的手機幫忙拍照。每次看到這一幕總是能感受到時代的眼淚。曾幾何時，電話亭已經變成某種懷舊景點。

　　不過英國電話亭的故事真的非常精采，甚至可以回溯

到羅馬時期（無誤）。第一代電話亭（Kiosk No.1，簡稱K1）是郵局在一九二〇年所製作，不過倫敦當局（London Metropolitan Borough）很不滿意，在一番吵吵鬧鬧後，幾個單位終於決定邀請三位名建築師競圖，最後由史考特爵士（Sir Giles Gilbert Scott）獲選，並且定名為 K2。

這又與羅馬時期何干呢？當時史考特爵士是索恩博物館（Sir John Soane's Museum）的理事，而他的設計靈感來自於索恩爵士的陵墓，現在還可以在王十字火車站附近的墓園中看到（真的很像）。而索恩爵士的陵墓設計又是來自於他最喜歡的羅馬建築風格，所以英國最經典的電話亭設計，真可以說是來自千年傳統的全新感受。

此後電話亭又經過幾次改版，但目前倫敦街頭最多的是K6，有著兩邊比較窄的門框，K2 則已全部都列為古蹟，我還有遇過會到處照相記錄 K2 的狂熱人士。不過，K2 的木製設計原型倒是不難找，它位於皇家藝術學會（Royal Academy of Arts）大門的後面，前陣子拿起話筒按下特定號碼，還有特製的聲音裝置藝術。

手機盛行的今日，英國人也在思考電話亭的其他可能性：可以種花、可以當圖書館、或直接拿來當無線網路熱點。每當我穿上電話亭 T 恤時，儘管裏面沒有畫到色情小廣告，但從門框大小來判斷，它應該是經典的 K2 款式，仍讓我感到十分開心。

A —————————————— 地鐵座墊布 Moquette

　　法文裏有句話非常傳神地形容一成不變的生活:「地鐵、工作、睡覺。」（"Métro, boulot, dodo."）對於多數都會通勤族來說,地鐵的功能就是把你從住處運到辦公室工作,再從辦公室運回住處睡覺。毫無任何浪漫可言,更糟的是常態的誤點與藏汙納垢,以及年年調漲的資費,簡直叫人抓狂。

　　除了功能性的存在,當年倫敦地鐵主導者法蘭克‧皮克（Frank Pick）也致力將設計融入倫敦地鐵的每個層面,忙碌的乘客們或許很容易忽略這點,但敏銳的孩子就不一樣了。前陣子跟好友及她的孩子一起坐地鐵,她提到交通狂孩子對於倫敦地鐵的熱愛,以及堅持要平均分配坐各線的執念,順

口講到孩子說座墊長得不一樣，但她並未特別注意。樂於蒐集冷知識的室友與我立刻想到先前看的地鐵紀錄片，最新的一款座墊布叫做巴曼（Barman），是為了紀念委製第一批座墊布的克里斯提安‧巴曼（Christian Barman），從二〇一一年起置於中央線（Central）與銀禧線（Jubilee）。座墊布（moquette）其實在各國的地鐵系統中相當少見，其他國家多半以塑膠椅為主。moquette 是法文的地毯之意，以毛料製成。二十世紀初，倫敦的地鐵系統開始整合，前面提到的主事者皮克與巴曼決定要用一批最頂尖的紡織品設計師，包括艾尼德‧馬克斯（Enid Marx）與馬里安‧多恩（Marion Dorn），以當時充滿現代感的圖樣，將設計之美傳達給每個通勤者。

用在地鐵系統的座墊布，需要耐磨耐髒且重複圖樣，而一開始每條線都有自己專屬的色樣與圖形。但近年來當局為了車廂共用、色樣簡化等等原因，決定讓某些線共用座墊圖樣，雖然中央線與銀禧線已經共用巴曼圖樣，但還有一些舊車廂尚未更換，這也是先前孩子之所以說座墊長得不太一樣的原因。巴曼圖樣最精采的地方在於，裏面包含了約略的倫敦天際線以及三大地標，紅的圓圈是倫敦眼，裏面的米黃是大笨鐘，米黃跟下面的藍色結合起來則是聖保羅大教堂。

這些不同時期的圖樣，也成為不同世代的集體記憶。倫敦交通局的算盤也打得精，將這些圖樣商品化，做成抱枕、傢俱、鞋子（？），而且還所費不貲，但在倫敦生活過幾年的人，很快就可以辨認出這些看似簡單、實則充滿記憶的文

化符碼。對我來說，倫敦地鐵從來不會是一成不變的地方。誤點、老舊、髒亂、昂貴，這些都是真的；但充滿各種浪漫的細節與美感，這也是真的。或許生活不在他方，生活就在細節中，只是需要多一點耐心體會罷了。

Ⓐ —————— 五月花酒吧 Mayflower Pub

　　旅遊指南《寂寞星球》（*Lonely Planet*）的倫敦介紹説：「每間倫敦酒吧的歷史不是被刻在牆上，就是在熟客的血液裏流淌。」

　　酒吧文化對英國人來說是生活中不可或缺的一環，光是從下班時滿出來的人潮或文學作品中的刻劃（莎士比亞《亨利四世》中精采的戲中戲、狄更斯的小說等等），就可以看出端倪。《寂寞星球》又說，如果要去酒吧的話，盡量避免大型的連鎖酒吧，最好是當地居民天天去，地毯（如果有的話）要黏膩，幾張撞球桌，電視成天播放運動賽事，還有一台點唱機在裏面。我去過的酒吧中，如果符合這些原則的話，大抵都是非常有意思的地方。

　　五月花酒吧跟衛生紙沒啥關係，但跟那艘載滿清教徒的船有很深的淵源。第一次造訪，是因為在附近看房子迷路跑進去問路，路沒問到，肚子卻餓了。點的羊排意外可口。後來幾次無論是在河岸邊看煙火、樓上用餐、吧台聊天，都是很愉快的經驗。酒吧建於一五五〇年，當時就叫「船」（the Shippe），五月花號的船長克里斯多佛・瓊斯（Christopher Jones）當初啓航前把船停在附近進行補給，後來船在一六二一年返航。酒吧在十八世紀重建，到了一九五七年正式更名為五月花（Mayflower），以紀念當初的清教徒航行，據說裏面的某些木造結構還是用五月花號原本的船體裝上去的。河岸外還有一座真的「里程碑」（milestone），標示到倫敦橋還有兩英哩的距離。

　　雖然以我們光顧的程度遠遠算不上熟客，但我總覺得這種隱身巷弄間的酒吧是某種連結的印記。看過一集跟房產相關的紀錄片，有位居民想要重新建立社區意識的方法，就是開間老少咸宜的酒吧：大家在裏面看比賽同仇敵愾，榕樹下

閒聊，認真地玩無聊的冷知識大考驗，聽聽歌，或是看脫口秀表演。對了，這裏不是徹夜狂歡的地方。由於二〇〇三年的販酒許可法，多數酒吧晚上十一點就得關門，隨著社交文化漸漸改變，酒吧的經營也益發困難，如果到英國有機會的話，不妨找間有意思的酒吧體驗一下吧！

地鐵北線 Northern Line ———————

倫敦地鐵歷史悠久，在二〇一三年歡慶一百五十週年，它的路線命名不像紐約或巴黎以數字或字母編號，倫敦每條都有個名字，也有代表色。有的線跟受損的頭髮一樣，尾端有分叉，更糟糕的還會打結 。所以搭車時要看好方向跟終點站，一旦坐錯，可能怎麼樣都到不了你想去的地方。

黑色的北線（Northern Line）跟綠色的區域線（District

Line）分叉的程度有拚，綠線西向有三個不同的終點站，而黑色北線除了終點站有兩個大分支，分別到埃奇韋爾站（Edgware）或高巴涅站（High Barnet）之外，中間還有一個交叉的圈圈，經過查令十字站（Charing Cross）或是經過銀行站（Bank），兩條線都會經過尤斯頓火車站（Euston）跟肯頓鎮站（Camden Town），但只有其中一條會經過前述兩站間的摩寧頓新月街區站（Mornington Crescent），排列組合非常容易讓人困惑。第一次被提醒這件事，是要去北邊喬克農場站（Chalk Farm）附近的圓屋劇場（Roundhouse）上課，從東南邊的學校出發前，老師還特別提醒大家不要坐錯線。往北的路線複雜之外，往南還有克萊本大街站（Clapham High Street）、克萊本北站（Clapham North）、克萊本公地站（Clapham Common）、克萊本南站（Clapham South）四連發，說實在，這麼複雜是要折騰誰！

　　依照敝宅平日的活動範圍，出門很容易就搭到北線，經過銀行站的是要去天使站（Angel）的沙德勒之井劇院（Sadler's Wells）看舞、或是搭到摩爾門站（Moorgate）去巴比肯中心；經過查令十字路站的則是去西區、倫敦大劇院、國家藝廊，或是在滑鐵盧站下車去南岸中心、在古吉街站（Goodge Street）下車去倫敦大學總部，或大英博物館。只是室友常常搞不清楚今天要去哪裏看表演，常到了要換車的時候才問：「我們今天要去哪？」只好默默顯示無奈。

　　除此之外，坐車到拱門站（Archway）或是海格站（Highgate）可以去看馬克思的墳墓與大頭，去波若站

（Borough）、肯頓鎮站可以逛市集，萊斯特廣場下車是中國城，托登能廳路站（Tottenham Court Road）是去吃石鍋拌飯，老街站（Old Street）附近有越南河粉；或是因為去朋友家而到了從沒去過的站（例如高巴涅站）。時間久了，地鐵站站名不再只是一個看似無意義的符碼，而隨著生活經驗而產生了連結。

除了複雜之外，顯然倫敦人對於搭北線也是牢騷滿腹。有次看喜劇節目或脫口秀，節目中要猜一個又熱又擠還難以呼吸的地獄，主持人妙答：尖峰時間的北線。某次從大英圖書館回家時正好遇上下班時間尖峰，想起這段描述，為了不想擠壞手上剛買的食物，決定換搭維多利亞線（Victoria Line）再轉地上鐵回家。雖然時間大概多花二十分鐘，但有座位可坐，還是樂勝移動地獄。

倒是每回搭北線經過堤岸站，都會希望聽到這個月台跟其他人不同的「當心月台間隙」（Mind the Gap）提示廣播。那是一個在 BBC 跟台灣媒體都有報導的故事：身為演員的奧斯華・勞倫斯（Oswald Laurence）錄製了那段錄音，在他辭世之後，他的遺孀瑪格麗特・麥柯倫（Dr Margaret McCollum）常到堤岸站月台上聽他的聲音。某日因為系統更新，換成電子合成聲。為此，麥柯倫非常難過，於是向交通局反映，尋找已逝丈夫的聲音。站方得知她的心願，便從善如流地將聲音特別保留，還錄製一份給她做紀念。不知道是不是因為這個緣故，我總覺得那站的廣播特別大聲。每回經過，總忍不住在聽見提示廣播時，會心一笑。

一鎊商店 Pound shop ——————— Ⓦ

　　每次回台灣，我總愛去台北火車站對面的大創尋寶，為什麼在這麼黃金的地段，可以賣這麼低價的產品，對我來說是一個謎。我喜歡去大創買洗衣袋跟神奇海綿，尤其洗衣袋種類繁多，幾乎每種衣物都有專屬的小袋袋，深得我心；而在一個高咖啡因消耗量的家裏，神奇海綿去茶漬的效果也毋需多言。這兩樣東西在英國其實也買得到，只是用英鎊換算就沒這麼便宜。當然，進了大創很難只買原本單子上的東西，常會在無意間看到一些「有很好，沒有也可以替代」的小東西，雖然可以解決生活中的問題，但嚴格來說並非必需，例如以前買過大創的「粉撲清洗劑」，或是解決女生每月困擾的「血漬清洗液」，其實不是沒有替代品，只是圖個方便。

　　英國也有類似的「均一價商店」，定價多半是九十九便士或是一鎊，換算起來，就是台幣約四十五到五十元間，與大創相去無幾。

　　說實在，「旅居」一詞充滿不定感，雖然要停留一段時間，對於生活用品的取捨投資就得撥撥算盤，接收二手物、往慈善商店尋寶是一法，均一價店也是一招。這些店通常開在購物中心一角，或是市場周圍。以前還住在布洛克利的時候，室友跟我偶爾會走半小時的路去路易舍姆區的購物中心，那裏頭的均一價商店叫鎊划算（Pound Stretcher），總會進去晃晃看有沒有什麼小東西好買。只是也聽過精打細算的朋友傳授：有些物品其實在超商買，要價不到一鎊，所以貨比三

家還是不吃虧的。搬到羅瑟亥（Rotherhithe）一帶後，附近的購物中心原本沒有一鎊店，某日書局忽然大特價出清，原址歇業之後開起了鎊樂園（Poundland）一鎊店，老實說，還真有點不捨。鎊樂園裏頭賣的小熊軟糖是當時我們能找到最便宜的價格，所以室友三不五時去購物中心，便會買個幾包。（後來發現亞馬遜一次買一打價格更便宜，我們也就少去那兒買了。）

　　一鎊店越開越多，也跟經濟狀況脫不了關係。在景氣不佳的時候，消費者更加精打細算。之前 BBC 拍的紀錄片《一鎊店戰爭》（Pound Shop Wars）中，便以英國的一鎊店連鎖品牌鎊世界（Poundworld）為例子，從幾個面向看一鎊店的優勢與挑戰。一鎊店跳過中盤商，直接向中國的工廠大量進貨，降低成本，利用一些明星商品吸引顧客進店裏。同時，作為通路，製造商也會特地為了一鎊店製造特殊尺寸、數量的商品，例如在一鎊店買到的糖果餅乾，雖然比超市便宜，可容量也變小了。紀錄片第一集也提到鎊世界從中國進了一批胸罩，一件只賣一鎊，年輕女孩覺得一點都不性感，可還是賣光光。想起來一鎊的內衣便宜地讓人瞠目結舌，果然是全球化的威力。

　　除此之外，如同「廉價超市冰城（Iceland）開在哪裏，哪裏房價就會跌」的都市傳說，一鎊店也常成為階級的象徵。此說不但在《瞧那些英國佬》書中提到，在紀錄片中，也提到鎊世界在以中產階級為主的哈洛蓋特市（Harrogate）展店時，當地居民五味雜陳的反應。可開店當天，一鎊店裏還是

人潮洶湧，不知是因為新鮮感，還是物美價廉人人愛。至於我家附近的鎊樂園，則屬於美國來的連鎖店，是鎊世界的死對頭。另外現在還有我沒試過的網路一鎊店，但我總覺得買一點點東西還要付運費，並不是個划算的選擇。

　　至於一鎊店的東西品質如何呢？除了吃下肚的小熊軟糖，我很少買食品。倒是前陣子看到店裏賣花園用品，番茄種子一包只要一鎊，塑膠花盆五個一鎊，照著指示種，番茄努力地往上茁壯，前幾天還冒了幾朵花，除了想著夏天有吃不完的番茄之外，看著植物長大其實還蠻舒壓的。如果可以換來結實纍纍的番茄，那的確是個精打細算的好投資啊！

A ——— 聖保羅大教堂 St Paul's Cathedral

攝影：Jey Han

　　吳爾芙（Virginia Woolf）曾如此描述聖保羅大教堂：「儘管大家都說過，但我們還是忍不住要重複：聖保羅大教堂主宰了倫敦。從遠處看它像個巨大的灰色泡泡，接近時逐漸籠罩我們，巨大而有壓迫感，但突然間它就消失了。在教堂後方，在教堂下面，繞著教堂走，看不見它的時候，倫敦瞬間縮得好小！」

　　在她那個年代，金融城（City of London）裏那些奇形怪狀的高樓大廈還沒出現。不管從哪個角度，都可以看到這座宏偉莊嚴的教堂矗立，一直到一九三〇年，越來越多現代高樓出現，才推出限建令，保護教堂的重要景觀與天際線，還有專人定期研究，提出技術報告。

　　一六六六年倫敦大火後，新的聖保羅大教堂是克里斯多福・雷恩爵士（Sir Christopher Wren）的精心手筆，當年還差點蓋不出來。其後它便伴隨著倫敦人的喜怒哀樂，包括邱吉爾的喪禮、馬丁路德金恩來訪，以及黛安娜的婚禮，這些歷史時刻都在這裏發生。

　　但最為人津津樂道的，莫過於它奇蹟式聳立在二戰轟炸的火海中。一九四〇年十二月二十九日，在一輪轟炸後，聖保羅的圓頂中了一顆燒夷彈，當時已經救火救到缺水，鉛都融化了，結果運氣站在英國這邊，燒夷彈滾了下來，掉在石廊上，消防員用沙包順利撲滅。隔天每日郵報的標題就是「聖保羅毫髮無傷」，儘管照片做了許多修飾，掩藏旁邊炸得一乾二淨的廢墟，這還是成為戰時英國抵抗精神的象徵。

　　我們跟聖保羅教堂的接觸則比較溫柔一點。有一次室友

發現優惠活動，可以用很便宜的價格進聖保羅聽管風琴獨奏
會，我們想著可以順便參觀一下好像很划算就跑去了，不料
用管風琴彈奏現代音樂也是可以非常震撼，雖然是個新鮮的
體驗，可能以後還是比較想聽巴洛克的叮叮咚咚。

　　宇宙果然有聽到我下訂單，每年十二月耶誕節前夕，聖
保羅大教堂會舉辦免費的彌賽亞音樂會，但必須事先索票。
想當然爾，這種好康的活動票一定很早以前就被搶光光。可
是我還是很想去聽現場，唯一的選擇就是提早去現場排隊了。
室友怕冷，而且沒像我那麼瘋，所以我就自己出發了。

　　倫敦的冬天四點半天色漸暗，我跟隊伍前面的瑞典老先
生聊了起來，聊著聊著，隊伍外忽然有位女士問誰是一個人
來，我下意識地回應，她說她多了一張票，可以給我，讓我
不用在冷風中排隊，並祝我聖誕快樂。拿到票的當下，心都
暖了起來。雖然我排得很前面，進去應該是沒有問題，但來
自陌生人的微小善意，或許才是真正讓人感覺美好的記憶吧！

[A]──────── 滑鐵盧車站 Waterloo Station

攝影：Bjørn Tørrissen

> 只要他們凝視滑鐵盧日落
> 便宛若置身天堂

　　二〇一二年倫敦奧運閉幕式的高潮，莫過於〈滑鐵盧日落〉的原唱雷‧戴維斯（Ray Davies）現場演出此曲。歌詞中寫出喧囂中的孤獨、泰晤士河、滑鐵盧車站與一對戀人共享的日落。在關於倫敦的歌曲中，〈滑鐵盧日落〉經常名列前茅，榮登倫敦出外人最愛的懷舊歌曲。每次經過熙來攘往的滑鐵盧車站，腦中也總迴放著這曲旋律。

　　滑鐵盧車站可算是三鐵共構的先驅，曾同時擁有火車、地鐵與歐洲之星三種運具。不過現在歐洲之星已在二〇〇七年十一月移到聖潘克拉斯國際車站。據說當初歐洲之星要開通時，巴黎市議員還寫信給英國首相要求改名，因為「滑鐵

盧這名字勾起了法國戰敗的屈辱」，難道這也是後來換車站的祕密理由嗎？話說回來，滑鐵盧車站的確與滑鐵盧之役有關，原本的位置是一片沼澤，工業革命後產業迅速興盛。為了紀念一八一六年的滑鐵盧之役，隔年滑鐵盧大橋啓用，連接聖喬治圓環。一八四八年橋邊的滑鐵盧火車站落成，通到倫敦橋站與查令十字站。

　　滑鐵盧車站是倫敦十八個「終點站」之一，「倫敦終點站」（London Terminals）的正式名稱是「倫敦站群」（London Station Group），環繞倫敦市中心一圈（精確一點講是在地鐵一區票價內），是外地火車到倫敦的最後一站。這種設計並非刻意，而是由於十九世紀鐵路運輸發展之初，國會拒絕許可鐵路通過市中心所致。因此在英國買火車票，上面的目的地如果印著 London Terminals，就會到達這些火車站，並且在廣播中聽到「全體換車」（All change）的指示。

　　我很怕人多的地方，滑鐵盧車站是全英月台數最多的車站（目前與維多利亞車站同燈同分十九號，但前者還多了兩條歐洲之星留下的月台），自然不會是我喜歡待的地方。但要去南岸藝術中心，要從市中心回家，要去西南邊，要去老維克劇院或楊維克劇院，都會用到這個人來人往的大站。空間對於人的影響，也許要在反覆往返間才能慢慢體會。翻看了二〇一三年該區的發展計畫，其中對於滑鐵盧車站面河的前站藝文地景與破敗的後站街區多所著墨。我沒看過台灣的都市發展計畫，但仍衷心希望會有這樣的認真水準（尤其考量到車站所在蘭貝斯區〔Lambeth〕的財務狀況其實很差，

所以不完全是錢的問題）：除了錢之外，希望規劃者還能想到空間中的人、社群與文化。當然，能不能實現是另一回事，但在這樣的理想中，〈滑鐵盧日落〉才不會只是一首歌，而是倫敦的美好過去與未來。

A ──────────── **泰本河 Tyburn River**

看得見的城市，看不見的河流。

在城市生活久了，不免覺得很多事情來得理所當然：打開水龍頭就有水，馬桶沖了穢物就會消失。如果把眼光從日常生活的尺度中拉遠，其實活在城市中的人類某種程度上仍與自然環境緊密相連。

提到倫敦的河流，多數人會想到的是泰晤士河，但其實古老的倫敦市內還有好幾條河，雖然目前多半都深埋地底，但仍在城市的地景上留下了各自的痕跡與線索。其中一條叫做泰本河（Tyburn River），說河流似乎有點太抬舉它，大概就是一條小溪的寬度。

這條河從倫敦西北的漢普斯特（Hampstead）發源，一路向東南，途經攝政公園、貝克街、牛津街、白金漢宮，最後從維多利亞車站南邊的皮姆利科流入泰晤士河。關於它的名稱眾說紛紜，但比較可信的說法「畫界」（Ty）的「河流」（burn）。古時候許多莊園都是以此河為界，不過很快東邊的「倫敦城」（City of London）覺得這水異常甘甜，決定西

水東引，將巨木挖空接起來，一路送水到東邊。接頭的地方想必不甚緊密，因此窮人就在這些滲漏處取水。

水不只可拿來喝，也可以拿來洗，一條河流，兩種用途。所以什麼狗屁倒灶的垃圾都是往河裡丟，漸漸地，一方面由於引水使流量變小，二方面是臭不可當，人們開始有把它埋起來的念頭，在大倫敦的地下水道系統尚未整合之前，泰本河有一段就成了國王學者池下水道（King's Scholars Pond Sewer）。在正式變成下水道系統之後，還有一段經過白金漢宮下方。

最早有記載的維多利亞時期城市探險家(Urban Explorer)約翰·霍林斯黑德（John Hollinshead），在嚮導跟他說他目前身在白金漢宮下方之後，非常愛國地決定唱起《天佑女皇》。而七〇年代另一個很好笑的記載是，有人問地下道清潔工說白金漢宮的下水道有什麼不同，清潔工妙答：「我可以跟你保證從上面來的東西並沒有『皇室御用』的字樣。」

如今除了下水道之外，泰本河道還有蓄洪的功能，但隨著氣候變遷與洪患的風險升高，目前倫敦市府正在考慮另一項重大工程（Thames Tideway Tunnel），以容納更多暴衝的雨水然後抽到郊區。

泰本河今天在路面上只剩下幾塊牌子，沿著河道興建的古老街道，以及泰晤士河匯流處的紀念文字，還有一家古董店的地下室號稱自家可以養金魚的小溪流也源於此（不過多半是生意噱頭）。但從源頭處走過一遭，就可以發現其實城市中的歷史與地景並沒有那麼遙遠，而一條消失的河流也不僅僅是一條河流而已。

A ──────── 萊姆豪斯藍調 Limehouse Blues

　　提到倫敦唐人街，許多人腦海浮現的第一印象可能是蘇活（SOHO）的牌樓，不過目前位於蘇活區的「華埠」是比較晚近的聚落，大概要到五六零年代才逐漸形成。而華人在倫敦形成的第一個聚落其實在東邊的萊姆豪斯（Limehouse，意為石灰屋），緣起於當時從中國招募的海員，主要分為廣東派跟上海派，從十九世紀末開始發展，一直到二戰時受德軍轟炸夷平為止。

　　某方面來說，萊姆豪斯的華埠也是「觀光勝地」，但跟今日蘇活區歌舞昇平的樣態截然不同，這跟當時中國海員的社會條件有很大的關聯，聳動的廉價小說「傅滿洲博士」便是這個時期的產物。作者羅默在多年後面對種族歧視的指控時，他回應：「沒錯，並非所有萊姆豪斯的中國人都是罪犯，但有很多人定是情非得已才離開自己的國家，這些人沒有其他維持生計的方法，可能也因為犯罪才要遠走他鄉，因此也帶來了犯罪。」但在其他場合他也承認並沒有真正去過那個「是非之地」。

　　這樣的刻板印象當然有些格外突出的大案「證明」，比方說女演員比莉‧卡爾頓（Billie Carlton）嗑藥過量，暴斃在飯店中。經過追查，毒品來源來自一位蘇格蘭女人與她的中國老公，而他們就住在萊姆豪斯堤道（Limehouse Causeway）。於是有一系列的小說在描述這個煙霧繚繞的罪惡淵藪，犯罪自是不在話下，這些定居下來的中國海員，還

搶了當地人的工作跟女人，甚至有無知的浪蕩女人受到誘惑
而自甘墮落。

　　而這也激發了另一種中國想像，經典爵士曲萊姆豪斯藍
調（Limehouse Blues）便因此而生，歌詞中傾訴當地孩子的哀
愁，彈奏悽苦的樂章。時至今日，蘇活區中國城的氣息已截
然不同，英國報導中的富裕中國人搶的則是倫敦的房產。萊
姆豪斯也因為鄰近新金融區金絲雀碼頭，成為新興的雅痞區。

　　這種今昔對比的有趣之處在於，即使世事變遷，有些事
情還是不會改變。比方說對外人的本能排拒與恐懼，比方說
對於好生活的追尋。只想管好自己可能是天性，但如果我們
對於人心以及他人的處境多一些了解，或許，只是或許，可
以減少一些不必要的辛苦與糾紛吧。

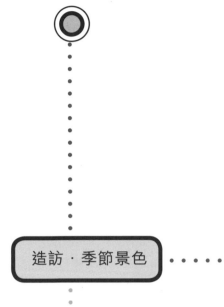

造訪 · 季節景色

降臨曆 Advent Calendar ──────── Ⓦ

今天是十二月十七號，依照英國人的講法，耶誕節就在街角（Christmas is around the corner），這當然不是耶誕節去角落罰站的意思，而是用來表示該事近在咫尺。

節日將近，信箱裏的促銷信件也與日俱增，火雞訂了沒？甜餡餅有特價哦！在寒冬最冷日照最短的時節，的確需要一點期待，否則只能靠補充魚油來對抗冬季的微微憂鬱。看著鄰居在門口掛起花環，在樹叢掛上小燈泡，還在窗戶上妝點了會揮手的雪人跟耶誕老人，我只能説我的鄰居們顯然對這個節日很有愛。有的公寓看來住的是年輕人，從窗邊可以看見極富設計感的星星吊燈跟耶誕樹，看得我好生羨慕，彷彿化身賣火柴的小女孩。

我極喜愛一顆一顆的玻璃球，覺得掛在耶誕樹上真美，可是想擁有它，大概還得先買一顆聖誕樹。對於留學生而言，有限的金錢意味著有限的空間，居留未定的曖昧，也是物質上取捨的兩難。倒是這幾天我異常地想要個「降臨曆」（Advent Calender），而且還要木頭製的。

降臨期（Advent，拉丁文 Adventus）是耶誕節來臨前的準備和等待期，對基督徒而言，就是期待耶穌的再次降臨。將臨期從最接近十一月三十日的主日（即星期日）起算，一直到耶誕節。我不是教徒，對於這些信仰相關節日的知識和習俗，也是這幾年在倫敦生活後才慢慢學到的。常見的「降臨曆」會從一編號到二十四，換言之就是十二月一日開始到二十四日，超市常售有糖果品牌的降臨曆，像小時候玩的戳

歡樂，一格裏頭有一顆巧克力或糖果，當最後一顆吃完的時候，耶誕節就到了。二〇一一年的聖誕節，在約翰·路易斯百貨（John Lewis）的廣告中，迫不及待想把禮物送出的小男孩，每天起床後第一件事，就是從小抽屜裏拿出巧克力吃掉，卻發現時間還有好久。去年剛好在十二月出門兩週做田野兼訪友，朋友指定伴手是一打 M&S 的毛毛蟲水果軟糖，上超市掃貨時看到小豬降臨曆，兩盒特價若干鎊，一盒送給朋友的女兒，一盒則交給室友，讓他一天吃一顆。但我室友畢竟是個大人，他說有時會忘記，乾脆一次吃好幾顆。

除了糖果版的之外，今年還看到 Boots 跟美體小舖（Body Shop）推出彩妝保養品版的，一天一種小瓶罐，讓妳美美地迎接節日和排隊；對於男性而言，琴酒降臨曆可能是個好選擇，各種迷你版酒類煞是可愛。超市賣的糖果餅乾用的是紙盒，有的茶店、巧克力店推出棉質掛曆，一個個小口袋裏有不同驚喜。除了吃得到的降臨曆，英國各個劇團和藝文團體也推出不同的特惠跟粉絲活動，在社交媒體上跟使用者互動、辦抽獎，將這個概念化身為行銷手法。最強大的可能是 BBC 推出的降臨曆，每日 BBC Radio 3 會選不同的耶誕禮讚播放，在網路播放平台（iPlayer）上也針對不同節目類型做精華整理，圍繞耶誕主題，看是喜愛藝文還是冒險動作片，都有二十四天的玩意陪你度過節日來臨前的等待。

而在冬季最黑暗的日子來臨後，白晝就要一日日變長了。每一年世界上總有些不平靜，無論如何，只願對於世上美好的事情，還能有著想望和期待。

驪歌 Auld Lang Syne ——————— Ⓦ

又是一年伊始。

大城市的跨年煙火總是十二月三十一日的重頭戲，在各城的地標集結，熱情歡呼倒數，並且期待繽紛絢爛的煙花，也成了年終必備的儀式。至於關心公眾文化事務的賢達，跨年煙火的辦與不辦，總是各方對於資源分配的詰問討論。七彩煙火搭上音樂施放，秒秒精準的設計，精心的程度亦是一門藝術；人群的管控疏散，加上大眾交通工具的配套，更是考驗主辦者的規劃。總想著有沒有別的比喻來相比政府的亂花預算，畢竟放煙火放得好也不是那麼簡單的事。

聽著大笨鐘忠實地敲響新的年度，煙火施放結束後，眾人齊唱〈驪歌〉（Auld Lang Syne）。這旋律在西方總與新年連接，在我的成長記憶中多數驪歌，以及告別式，老實說，連結的往往是感傷的記憶，和剛看完煙火的歡欣鼓舞有點不搭。在 BBC 影集《新世紀福爾摩斯》第二季第一集〈情逢敵手〉裏，夏洛克在十二月三十一日得知艾琳・艾德勒（Irene Adler）只是詐死，聽著鐘聲，華生問他如何打算，夏洛克淡淡地回他：新年快樂，拿起小提琴演奏〈驪歌〉，同一時間，在千禧橋前的艾琳・艾德勒收到他難得回覆的簡訊，説著新年快樂。噢，夏洛克，你心中還是有塊柔軟的地方存在吧？

〈驪歌〉旋律為民謠，歌詞則出自蘇格蘭詩人羅伯特・伯恩斯（Robert Burns, 1759-1796）之手。伯恩斯致力收集蘇格蘭民謠，並加以改編，對蘇格蘭的文化影響深遠，曾在

二〇〇九年在蘇格蘭電視台舉辦的票選中，被選為歷史上最偉大的蘇格蘭人。每年的一月二十五日是伯恩斯之夜（Burns Night），紀念這位詩人的生日。傳統上，這個晚上要享用蘇格蘭名菜肉餡羊肚（Haggis），並朗誦他的作品〈致肉餡羊肚〉（Address to a Haggis）。以前在月曆上看到伯恩斯之夜，還想說這到底是什麼日子要紀念誰，後來看了BBC由安德魯·瑪（Andrew Marr）主持的蘇格蘭文化專題，才對這位詩人的生平和貢獻有所了解。

在伯恩斯之夜結束時，賓主也常會同唱〈驪歌〉，伯恩斯的版本與今日英文不盡相同，兩相對照，大意是友誼常存，也別忘記過去時光。網路上流傳的是〈友誼萬歲〉（又名〈友誼天長地久〉，中譯者佚名）。

怎能忘記舊日朋友心中能不懷想
舊日朋友豈能相忘友誼萬歲
友誼萬歲 朋友 友誼萬歲
舉杯痛飲 同聲歌頌友誼萬歲
我們曾經終日遊盪在故鄉的青山上
我們也曾歷盡苦辛 到處奔波流浪
友誼萬歲 朋友 友誼萬歲
舉杯痛飲 同聲歌頌友誼萬歲

我們也曾終日逍遙盪槳在碧波上
但如今卻勞燕分飛 遠隔大海重洋

友誼萬歲　朋友　友誼萬歲
舉杯痛飲　同聲歌頌友誼萬歲
我們往日情意相投　讓我們緊握手
讓我們來舉杯暢飲　友誼萬歲
友誼萬歲　萬歲朋友　友誼萬歲
舉杯痛飲　同聲歌頌　友誼萬歲

Should auld acquaintance be forgot,
and never brought to mind?
Should auld acquaintance be forgot,
and auld lang syne?

For auld lang syne, my jo,
for auld lang syne,
we'll tak' a cup o' kindness yet,
for auld lang syne.
And surely ye'll be your pint-stoup!
and surely I'll be mine!
And we'll tak' a cup o' kindness yet,
for auld lang syne.

We twa hae run about the braes,
and pou'd the gowans fine;
But we've wander'd mony a weary fit,

sin' auld lang syne.

We twa hae paidl'd in the burn,

frae morning sun till dine;

But seas between us braid hae roar'd

sin' auld lang syne.

And there's a hand, my trusty fiere!

and gie's a hand o' thine!

And we'll tak' a right gude-willie waught,

for auld lang syne.

世間事紛擾煩亂，哀慟有時，跳舞有時，看著各種年終回顧，以及未來的新希望，忽然覺得這詩帶著傷感，卻也有種溫柔。有人說放跨年煙火是種集體療癒，在時光流轉的當下，一場煙火和一首歡唱的歌，的確也提供了片刻的平靜哪。

A ——————— 雙七衝擊 Two Sevens Clash

新年是集體淨化的過程，站在這個時點緬懷過去，同時展望未來，但如果看不到未來怎麼辦？

對很多人來說，一九七○年代末的英國是個絕望的地方，一九七六年底，BBC 做了一個特別企劃，找了一整個攝影棚

的史密斯先生小姐們，詢問他們對來年的看法：政治僵持、經濟衰退、能源短缺、罷工正熾、失業者眾，連匯率控制都即將崩盤，大概只差沒有喊出「鬼島塊陶啊」。雖然憂心忡忡，攝影棚內仍然正襟危坐、西裝筆挺，攝影棚外的年輕人就不是這麼一回事了。

找到工作的，每天在一成不變的工廠生活中消磨自己的生命。找不到工作的，雖然可以領失業救濟金，但領超過一段時間還是找不到工作，政府就要把你送進「勒戒所」，軍事化管理固定作息，讓你「重新回到工作的軌道上」。前殖民地移入英國的黑人更是慘烈，宗主國並沒有認真把你當人看，無法融入的生活方式更是造成一般人的恐懼。

來自牙買加的黑人領袖馬可斯．賈維（Marcus Garvey）預言，一九七七年七月七號將是審判日，因為「兩個七撞在一塊」，現在回頭看，牙買加並沒有發生特別重大的變故，倒是英國因為龐克搖滾而起了天翻地覆的變化。一九七七年一月一號，「衝擊樂團」（The Clash）在柯芬園的洛西俱樂部（Roxy Club）演唱，當時柯芬園是個鬼地方，過於擁擠的果菜市場在幾年前強迫搬遷，人潮也隨之散去，整個地方像個廢墟，洛西俱樂部的前身叫 Shaggarama（shag 在英文俚語中近似「打砲」），本是個同志酒吧，不過反正業主也不在乎有幾個吵鬧的年輕人來唱唱跳跳，就把那裏租給衝擊樂團。

當時的龐克運動由「性手槍樂團」（Sex Pistols）燃起火星，但他們的巡迴並不順遂，三十場裏面取消了二十六場。衝擊樂團認為檯面上的音樂完全無法代表年輕人的聲音，對

體制的憤怒與絕望也無從發洩，因此要當「誠實的瘋子」，把這些無力感徹底用音樂表達出來。

　　從後見之明來看，英國還沒有沉沒，柯芬園變成觀光客勝地，甚至連當年其實是種族衝突暴動的諾丁丘嘉年華，現在也變得歡樂無比。有些老龐克對他們曾深信不疑的音樂感到失望，認為什麼都沒有改變，一切都是謊言。

　　但那個年代的衝撞還是留下了痕跡，如果一切都是那麼無聊，那就自己創造自己覺得有趣的東西，在絕望中尋找真實的感動，真正對自己有意義的事物，對衝擊樂團來說，那是音樂與政治的交會，讓事態轉好的契機。

A ———————— 約翰·路易斯百貨公司 John Lewis

　　約翰·路易斯（John Lewis）是一家英國的連鎖百貨公司，又被媒體封為「中產階級聖地」，廣受中產階級消費者的喜愛。我對它的第一印象是基本款餐具組，那是當時室友先來倫敦安頓時從剛畢業的學妹那邊接收的，完全沒有任何裝飾的純白碗盤，只有底部寫著 John Lewis，不過卻一直沿用至今，非常耐用。這就要講到約翰·路易斯超難懂的廣告標語："Never Knowingly Undersold." 大致的中文意思是「不會明明知道，還讓你貴到」頗有童叟無欺之意。稍微查

了一下才發現這是一九二五年為了跟別人拚價格而提出的保證，但由於現在的品牌形象日趨高貴，所以最近在後面加了 "Never Knowingly Undersold. On quality, price, and service." 意思是在相同的條件，如品質、價格與服務，相比並不輸人。事實上，如果單純比價錢的話約翰‧路易斯的確通常不是首選，但要多付點錢買心安，這裏比較不會讓人失望。

約翰‧路易斯還有一個特別之處，那就是它的合作社性質，講到合作社我們可能只會想到學校裏面的福利社，或規模比較大的主婦聯盟，但約翰‧路易斯可是有八萬多名員工的龐大事業。據聞當初創社老闆約翰‧路易斯要交棒時決定把公司讓出來讓員工參股，所以他們的員工都互稱為夥伴（partner），紅利也是據此分配，也比較有向心力（自己努力自己賺）。這種理想的勞資關係似乎成為當代股東至上主義盛行的另類參考方案，而且獲利也完全不輸傳統公司，甚至連英國政府有時也會鼓吹這樣的經營模式。但這仍然存在無法解決的難題，比方說處境艱難的外包清潔廠商員工是否也可以當「夥伴」？「夥伴」的工作效率低落時怎麼辦？鑲嵌在激烈的市場壓力下，合作社仍然有經營上的難題得克服，不過那又是另一個故事了。

最後值得一提的是近年來非常成功的電視廣告，某年的著名廣告是號稱開冰箱就會懷孕的女人一生，除此之外，每年的聖誕節都會推出非常引人入勝的作品，我最喜歡的是二〇一一年不耐煩的小男孩，非常溫馨。

有時會想，理想的消費關係應該是一分錢一分貨，消費

者知道自己想買什麼，願意付出合理的價錢，廠商能配合這樣的需求提供值得信任的交易。而非消費者永遠是奧客，廠商永遠是奸商，這種交換關係實在累人，可惜理想總歸是理想，現實中層層疊疊的問題還是得一步步解決啊。

Ⓐ──────── 約翰・路易斯百貨公司耶誕節廣告
John Lewis Christmas Advert

　　春江水暖鴨先知，這幾年來，英國耶誕節零售業大戰中，這隻小鴨便是約翰・路易斯百貨公司的耶誕廣告，不少媒體都稱之為「萬眾矚目的文化傳統」，並大幅報導。奇妙的是，這個傳統其實還很新，百貨公司從二〇〇七年才開始做耶誕廣告，到了二〇一一年才大紅特紅，中間有許多有意思的故事值得寫出來分享。前一篇提到，約翰・路易斯是間頗為特別的英國百貨公司，整體來說走很低調傳統的路線。於是對於行銷部門來說，如何將這種低調傳達出去，變成一個很大的挑戰。

　　從二〇〇七年開始決定推出耶誕廣告，前兩年的廣告公司是 Lowe London，走簡單優雅的路線。二〇〇八年用披頭四翻唱曲〈從我到你〉（From Me to You），在幾乎不顯示任何商標的情況下，成功傳達了耶誕節禮物的溫暖，廣告結語是「如果你們夠熟，你就找得到禮物」；二〇〇九年換了一家成立沒多久的公司 Adam+Eve，持續用翻唱經典搖

滾名曲來傳達訊息，這次用的是槍與玫瑰的〈我可愛的孩子〉（Sweet Child O' Mine），同時也加入了小孩元素，廣告結語是「還記得以前耶誕節的感覺嗎？把它傳下去」；二〇一〇年的曲子是強叔（Elton John）的〈你的歌〉（Your Song），廣告結語是「給那些在乎願意展現他們在乎的人」；二〇一一年大概是最受人歡迎的一年，講一個小孩子等不及要送爸媽禮物，用的曲子是史密斯合唱團的〈拜託讓我願望成真〉（Please Please Let Me Get What I Want），廣告結語是「為了那些你等不及要送出去的禮物」；二〇一二年持續催淚傳統，講雪人千里跋涉買禮物給雪人女朋友，用的曲子是法蘭基到好萊塢（Frankie Goes to Hollywood）的〈愛的力量〉（The Power of Love），廣告結語是「這個耶誕，再多給一點愛」；二〇一三年不惜成本，做了大製作 2D 動畫，講兔子要跟熊一起過耶誕，用的曲子是基音樂團的〈秘密基地〉（Somewhere Only We Know），廣告結語是「給他一個永難忘懷的耶誕」；二〇一四年則是企鵝制霸的年分，用的曲子是約翰‧藍儂的〈真愛〉（Real Love），廣告結語是「給他一個夢想成真的耶誕」；最新的二〇一五年則用綠洲合唱團的〈半個世界遠〉（Half The World Away），講孤獨老人與小女孩的友情，廣告結語是「讓那個人知道有人在耶誕節深愛著他」。

　　從以上的介紹可以更清楚看出其中細緻的操作。首先是把「給」這個概念當做重心，雖然明擺著要你消費，但商標只會出現在最後，而且幾乎不會出現什麼特別昂貴的商品。

再來就是音樂了，除了槍與玫瑰是美國團外，後來清一色都
是翻唱英國經典搖滾名曲，做出比較柔和的版本。因為目標
客群鎖定是三十五到四十五歲的消費者，這些當年聽著搖滾
樂長大的小孩，現在也有了自己的小孩。最後則是洋溢著一
種懷舊與美好的氣氛，雖然翻來覆去講的都是同樣的事情，
但卻不落俗套。

　　除了厲害的廣告內容，更厲害的是廣告之外的行銷手段。
比方說近幾年來每支廣告都有幕後花絮，告訴觀眾廣告是怎
麼做出來的。在某些地方放預告（是的，廣告也有預告），
激發觀眾的好奇心。推特跟媒體也是兩大戰場，二〇一一年
後，每次廣告推出總會激起一片「淚海」（嗚嗚怎麼那麼好
哭），而各大媒體也爭相分析報導，甚至做出歷年好哭指數。
在音樂方面，因為是精挑細選的經典名曲，所以從跟唱片公
司談版權，到播放後引起大眾購買慾，以及在排行榜上點石
成金，最後做成慈善專輯宣布將所得捐出，每一步都有非常
細膩的操作。二〇一四年的宣傳戰更是全面開打，除了在百
貨公司內蓋出一間企鵝房，還推出了有聲書應用程式，童書
以及企鵝玩偶本身（等身大小九十五鎊一隻），真是邪惡的
資本主義。

　　當然，這樣的操作在每個環節都可能有負面的聲浪，比
方說過早推出廣告（不能到十二月再轟炸我們嗎？）、名曲死
忠歌迷反彈（根本不應該這樣唱吧？超難聽！）、媒體幹嘛
無腦跟風（《衛報》你是左派媒體欸，為什麼要出賣自己的
靈魂？）、企鵝玩偶不會游泳廣告騙人（!?)但整體來說，這些

廣告的成果是有目共睹的。而其中的兩大推手分別是廣告公司 Adam+Eve 與約翰・路易斯的行銷總監克雷格・英格里斯（Craig Inglis）。看了他們的一些訪談，我覺得其實他們的共通點是任性（？），如果看克雷格的履歷，他在工作幾年後，有一年的履歷是「跟未婚妻環遊世界」，看得我大笑。而這些風格特殊的廣告，也是他花了許多時間與公司內部的溝通成果。

而 Adam+Eve 這家公司更妙了，他們在二〇〇八年金融風暴時從英國最大的廣告集團 WWP 跳出來自己做，時間點就已經很怪。當時因為合約糾紛，他們還得花七十五萬鎊跟公司庭外合解。幾年後，正當一個小型獨立公司蒸蒸日上的時候，他們又跟美國廣告集團下的 DDB 合併。外人宛如霧裏看花，但讀了幾篇訪談，總覺得他們很知道自己要做什麼，對自己的專業有信心，深刻了解公司政治對於品質的危害。而將整個組織的運作建立在一種最能發揮創意的前提上。他們也特別提到，這種故事只有在倫敦會成功，因為倫敦提供了足夠的人才與創意，並將這些火花高度集中。

不是每個環境都能創造出那麼厲害的廣告，但我總想，這整件事要傳達的，也許只是多一點真誠，多一點勇敢，與多一點愛。

夏令時間 Summer Time ─────── Ⓦ

「時間有兩種，一種是人們的時間，往前走；一個是自己的時間，停留在最值得紀念的瞬間。」這是很久以前的戲劇演出《在那遙遠的星球，一粒沙》裏頭的句子，想一想，對某些人，某些事而言，時間停止在那時那刻，再多的流淌也微不足道。

英國的時間也有兩種，一種叫格林威治標準時間（Greenwich Mean Time, GMT），一種叫不列顛夏季時間（British Summer Time, BST）。前者指的便是「格林威治」天文台的當地時間。天文台離我們家不遠，在天文台外的地上有條「經度零度」的線，可以讓人兩腳分別踏在東西半球上。博物館裏頭展示了各種計時器的演進，還有「時間」這個概念的發展歷史，相當有趣。

而夏季時間，指的則是每年三月最後一個週日開始，到十月最後一個週日止的日光節約時間。夏季時間比格林威治時間早一個小時，所以 BST 即是 GMT+1。台灣也曾經實施過日光節約時間，但是每年調時鐘的時間跟英國不一樣。

第一次經歷冬令調時鐘的時候非常困惑，不知道是怎麼調？什麼時候調？宿舍室友有一台收音機，恰好我們都晚睡，湊耳在喇叭旁聽廣播報時，原來該是週日凌晨一點的報時，就報成了凌晨兩點，眨著困惑但也睏倦的眼睛睡去，覺得次日的白天異常短暫。到了三月底那次就更奇妙了，日光一下子變得很長，得提醒自己調手錶，以免出門時遲到一個小時。

不過手機、筆電這些電子產品都會自動調整，非常方便。某次三月調夏令時間時，我們正好去了比利時，比倫敦早一小時，也在同一天進入夏令時間，旅程中調了好幾次手錶。

不管時間怎麼調，每年三月底固定的碎碎念就是：「對啦對啦夏令時間，這氣溫哪叫夏日？」三、四月在倫敦偶爾還會下雪，羽絨衣也還沒得收，暖氣也不能停，這樣說是「夏天」，根本就是要亞熱帶的子民們，眼球運動預備起。差不多得要到了復活節前後，才覺得有些春意，當然也得吃吃巧克力蛋。然後五月有接骨木花（Elderflower）盛開，可以跟檸檬做成糖漿兌水，或是買明明是蔬菜卻常拿來做甜點的大黃（Rhubarb）做飲料；六月看溫布頓吃草莓配鮮奶油，或是買五鎊票去聽逍遙音樂會，我也老想著要在夏天去環形劇場看《仲夏夜之夢》，最好是晚場，這樣才能和劇名相互輝映。

夏天一到，酒吧裏的生意總是特別好，而地鐵上的醉漢也會多一些。海德公園裏也擺上躺椅，讓遊客可以躺著曬太陽。在春天整理花園的努力，也在夏天得到回報。只要是天氣晴朗的週末，家附近總可以聞到烤肉的味道。說實在，夏天到，感覺連路上陌生人都會友善一些。只是，倫敦的夏天常叫人失望地短，也難以捉摸。若以為晴天要延續數日，興奮地買好皮姆斯（Pimm's）調酒來喝，過沒兩天就又雨又冷，足可提供人們對於天氣的談資。

小學放起暑假，大學則只剩下研究生還在埋頭苦幹（嚴格來說，英國的研究生是沒有暑假的），我倒是挺喜歡七、八月的校園，適合沉思，反而不愛在此時踏上牛津街人擠人。

一直要到九月的第二個週末，BBC 逍遙音樂會結束、倫敦市政府辦完泰晤士河嘉年華（Thames Festival），閒散慵懶歡樂的夏日才告結束。接下來，秋季野味上市，然後就又得做些安慰食物囤積脂肪，好迎接冬天了。

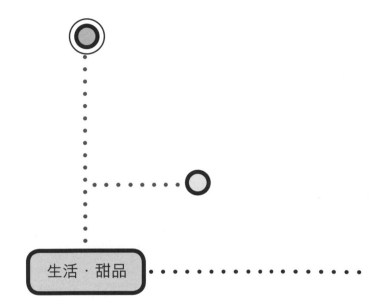

生活・甜品

耶誕布丁 Christmas Pudding ————

餡餅，配上加了白蘭地的凝脂
奶油是人間美味。

你吃過什麼英國的傳統耶誕食物呢？你最喜歡哪一樣？

在倫敦生活，兩套曆法握在手上，從除夕的全魚、二月的煎餅節（Pancake Day）、春季復活節巧克力彩蛋，再到端午的粽子，中秋的月餅，一年到頭就這樣吃著吃著就過了。總覺得在英國，春江水暖商人先知，各種節日前，超市總是滿滿的應景食物。前陣子上超市，貨架上滿滿的是耶誕的果茸餡餅（Mince Pie，直譯是絞肉派，雖然名字裡有肉字，但裡頭放的是加了香料的果乾，沒有絞肉），還有耶誕布丁，據說台灣人對甜點的最高禮讚便是「不會很甜」，以此標準，這兩者在台灣恐怕不會太有銷路。

有一年寄出的耶誕卡上，是個小男孩把耶誕布丁吃光，馬上變成個大胖子的圖案。朋友問我：英國的布丁長這樣嗎？想起來，我們的童年記憶總離不開統一化工廠的布丁，它滑

嫩可口（雖然裏頭不知加了多少化學原料），卻跟英國的布丁家族不太相像，約克夏布丁是鹹的，米布丁用米來煮，聖誕布丁則有著各種果乾，還得放酒跟小銀幣，誰吃到了來年會交好運，聽起來跟過年餃子裏包硬幣有點類似，顯然都不希望大家狼吞虎嚥，要慢慢吃，以免被硬幣哽到。

耶誕布丁歷史悠久，它的歷史可以回溯到中世紀，原料的數量、製作的時間、方式，都與宗教有關。食譜幾經變化，才成為今日的模樣。據說英王喬治一世在他的第一個耶誕盛宴，要求廚師製用葡萄乾布丁。就歷史看來，喬治一世是漢諾威王朝的第一位君主，一七一四至一七二七年在位。他生於德國，依照英國的一七○一年王位繼承法，使他成為具資格的王位繼承人，會不會現在加葡萄乾的食譜，其實源自於德國呢？

關於這點，我想研究飲食史的專家應該有答案。有趣的是，網路上還找得到喬治·歐威爾（對，就是那個文學家歐威爾）的耶誕布丁食譜，源自他的資料庫中，當年為英國飲食文化寫的一篇文章，委託他寫這篇的英國文化協會沒把文章刊出來，但還是付了他稿費。我沒做過這個食譜，不曉得做出來會不會有《動物農莊》的味道。

吃耶誕布丁得先蒸過，隔水加熱時的氣味讓我想到小時候在嫁娶場合吃到的甜米糕。蒸好後，上桌前還得淋上烈酒、點火，讓藍色的火焰在布丁上起舞。由於布丁會在數週前做，並且定期加酒進去，換言之，布丁本身是個可燃物，而且還有不少助燃物質。我沒真的點燃過布丁，猜想這是不是也藉

機讓多餘的酒精揮發掉，才不會吃完大家都醉了。吃的時候
要配加了白蘭地的奶油醬（再來更多的酒），或是配點香草
冰淇淋也不錯。我買過兩次，室友並不怎麼捧場，從耶誕吃
到新年，還得買盒冰淇淋來解決它，感覺這布丁像聚寶盆永
遠吃不完。

　　作家蔡珠兒曾經在書裏頭寫過她旅英時，鄰居瓊斯太太
總會喚她一起做聖誕糕，後來還千里迢迢寄到亞洲給她。這位
廚娘在文章裏說，她總不忍心告訴瓊斯太太，聖誕糕比牆還難
吃。看書至此總忍不住噗哧一笑，今年還是不要買牆好了。

[A] ———————————————— 伊頓混亂 Eton Mess

　　跟法國比起來，英國的甜點似乎無甚可觀。有次在法國
的好友問為什麼在電影《敬！美味人生》（*Toast!*）裏面，檸
檬蛋白霜派（lemon meringue pie）這種貌不驚人的東西也可
拿來與繼母較勁，如果他看過「伊頓混亂」（Eton mess）的
話，想必會更傻眼吧。

　　英國夏天盛產草莓，看溫布頓賽事的其中一個傳統也是
拿草莓進去嗑。有時候只吃草莓實在太無聊，便可以淋奶油、
希臘優格、蛋黃醬等等奶物。再搞剛一點，便可以考慮「伊
頓混亂」式的作法：把奶油打發，蛋白餅弄碎，草莓丟下去
喇一喇就大功告成。其他的莓類也可以，但草莓還是比較正
統。雖然貌不驚人（甚至有點醜），但簡單易做又好吃，成

為敝宅常備甜點。

　　伊頓混亂，顧名思義應該跟貴族學校伊頓公學有點關係，有幾種說法：第一種是跟另一間貴族學校比板球時會上的甜點。第二種非常唬爛，但我很喜歡這故事：據說在伊頓公學開放日時，有隻過度熱情的拉布拉多犬跑來跑去，壓到家長帶來的野餐籃，而籃中本來是另一種精緻的甜點帕芙洛娃（Pavlova），碎成一沱且沾上狗毛的甜點，竟然完全不影響青春期學生的食慾，伊頓混亂就此誕生。不過歷史通常都不太有趣，目前最可信的說法，是伊頓公學附近有間襪子店會順便賣莓類混冰淇淋，他們把它叫伊頓混亂，全劇終，唉，超無趣的。

　　英國食物以往常常是嘲弄的對象，一個老笑話是這樣說的：「英國人殺死他們的食物兩次：第一次奪走食物的生命，第二次奪走食物的味道。」有次跟英國朋友閒聊到這事，他只聳聳肩說：「好像也沒什麼可以反駁的。」（"Can't really argue with that."）但其實我慢慢了解到，吃食的形式、種類都是有道理的。我的理解是英國人相對來說不太在乎美食或精緻，但要求要簡便，所以市面上有一系列好容易、好方便、好上手的食譜節目（made easy）。

　　分子料理高手海斯頓・布魯門道（Heston Blumenthal，米其林餐廳肥鴨的大廚）寫過一篇關於伊頓混亂的文章，說他在新餐廳想要嘗試不同的作法，他的結論是「不要惡搞伊頓混亂」（"Don't mess with Eton mess."）。我想，這些貌不驚人的食物也許不夠吸引人，卻是配合氣候、環境、生活型

態等等因素的傳統智慧。在這邊待了幾年，儘管舌頭偶爾還是有鄉愁，但來點伊頓混亂、沾沾伍斯特郡醬，喝點巫婆湯（英國食譜很多都是加奶油把食材打碎變濃湯，我跟室友戲稱為巫婆湯），不再只是入境隨俗的表現，也許哪天吃不到還會懷念呢！

Ⓐ ──────── 奈傑‧史雷特 Nigel Slater

　　身為一隻光說不練的歪嘴雞，我很愛看烹飪教學節目，然後跟室友點菜。在台灣時，從菲姊上菜、阿基師到美鳳有約我都會看。英國的電視名廚滿街跑，BBC 還曾拍過電視名廚演進史紀錄片，台灣比較知名的有廚房女神奈潔拉（Nigella Lawson）與發福的傑米‧奧利佛（Jamie Oliver），但我最愛的還是奈傑‧史雷特（Nigel Slater）。

　　他的年少自傳曾被拍成電影《敬，美味人生》，雖然家境小康，但由於母親的早逝與父親的期待，加上本身的易感脆弱，讓他的童年苦不堪言，烹飪於是成了他的慰藉。他將自己的風格定位為「真食物」（real food），意思是用「好」材料（不見得貴）簡單開心做一頓飯，同時讓吃的人也開心。他也說：「我是個寫作的煮夫。」("I'm a home cook who writes.")

　　先前的節目延續了從產地到餐桌的主題，跟一位「今日農友」出身的主持人合作，在農場中把一道道佳餚弄上桌。

雖然某些題材有點小誇張，比如在英國種出義大利麵的麥、做出成本相當於超市牌的千層麵等等，但整個系列的構想與呈現都相當令人稱許。而先前的節目則是有我最喜歡的「剩菜料理」風格，冰箱裏有什麼做什麼。當然，大廚的剩菜跟單身漢剩菜絕對長得不一樣，但他跟其他電視名廚的差別，在於他的器具、材料都相對可親隨興，就有人批評過傑米·奧利佛的十五分鐘上菜，如果把器具跟準備時間都算進去的話，其實沒那麼簡單。

奈傑·史雷特在接受荒島唱片的訪問時，主持人問他英國的食物有沒有好吃一點，他回答：「跟五六零年代比，當然是有長足的進步，儘管現在好得多，但要東西好吃好像不在我們的文化基因裏。對英國人來說，食物似乎比較是拿來吃飽的必需品。」

在最新的系列中，他探討了吃的文化與認同。第一集餃子就講了印度餃、波蘭餃跟義大利餃。在裏面看了餃子如何包著鄉愁隨著移民飄洋過海，看媽媽的味道如何維繫一個人的認同與記憶。有時食物不只是食物，更是我們之為我們的原因。

香料熱紅酒 Mulled Wine ─────────

攝影：Loyna

　　說實話，我覺得北方的冬日最讓我不開心的，就是叫人沮喪的短日照了。近冬至時，倫敦三點半就會天黑，明明還早，卻總讓我覺得該吃晚餐了。經歷了幾個冬季，漸漸學會跟著英國人享受幾個節慶，逐漸體會許多食譜菜單其來有自：常常搭配當地季節的物產、氣候、宗教，而有特定的菜色跟習俗。入境隨俗，後來我也會在冬天多煮些又油又奶的「安慰食物」（comfort food），在耶誕節嗑幾個果茸餡餅（mince pie），上頭抹上厚厚的白蘭地奶油。畢竟我倆體脂長期不到二十，不太需要擔心發胖的問題。

　　入秋之後，英國的超市總會開始提醒大家佳節將至，亞伯＆科爾也總在十月與十一月就開始廣告火雞或其他應景食物，雖然不一定會烤大鳥，可果茸餡餅跟香料熱紅酒（mulled wine）卻是過節必備，他們也貼心地準備了香料熱紅酒組（Mulled wine box），一次把需要的材料裝在一起組合促銷。

想著沒有大眾交通工具的耶誕節，在一片寧靜中，握著一杯
熱紅酒，該是多麼愜意的一件事啊！

　　這款飲料在英國、北歐、歐陸都有，食譜略有不同。我
想若有機會到歐洲的耶誕市集逛逛，應該也有機會喝到，一
杯也許是四英鎊五歐元上下。之前看 BBC 的電視節目，名廚
奈傑‧史雷特曾經擔任「去挪威選耶誕樹」的任務。（話說，
二次大戰後，挪威政府為了感念英國在戰爭時的協助，每
年贈送一顆聖誕樹，矗立於特拉法加廣場上。）在任務完成
後，他也在挪威的小木屋裏煮起熱紅酒，那回看到的與英國
食譜不同，加的是蜂蜜。去年十一月某日跟朋友看完舞，意
猶未盡，想說找個 pub 喝點小酒，去住家附近的五月花酒吧
（Mayflower）喝到香料熱蘋果酒（Mulled cider），口感較酸，
也很好喝。

　　在英國的超市香料區多可以找到已經配好的香料包，除
此之外，用散裝的香料也未嘗不可。就我看過的食譜上，記
得有看到不需要煮到沸騰讓酒精揮發的指示，但如果你吃麻
油雞也會醉，避免意外，那或許可以煮久一點。

　　以下是亞伯＆科爾先前附給我的食譜，BBC 或是傑米‧
奧利佛也有食譜，不妨參考看看，份量我想不用非常精準。

香料熱紅酒 Mulled Wine

材料 ⋯⋯⋯⋯⋯⋯⋯⋯⋯⋯⋯⋯⋯⋯⋯⋯⋯⋯⋯⋯⋯⋯⋯⋯⋯

紅酒一瓶
1/4 至 1/2 杯的粗糖（Demerara sugar）（在台灣的話，
我想可以用紅糖）
肉桂棒一根
八粒丁香粒
兩片黃檸檬片
三片柳橙片

做法 ⋯⋯⋯⋯⋯⋯⋯⋯⋯⋯⋯⋯⋯⋯⋯⋯⋯⋯⋯⋯⋯⋯⋯⋯⋯⋯

1. 找一個略大的湯鍋，把糖、香料丟進你要煮酒的鍋子
   裡攪拌。
2. 小火加熱至略為融解，先加一點點酒進去，持續攪拌
   至全部的糖融化。
3. 加入剩餘的酒，小火煮約二十分鐘。

無酒精香料飲 Virgin Mull

材料 ··

肉桂棒一根

約 2 公分的老薑（去皮）

二到三大匙的粗糖

750 毫升至 1 公升的蘋果汁

丁香粒

蘋果片（把丁香粒釘上蘋果，我猜很好玩）

做法 ··

1. 把所有的材料丟進鍋子裡。

2. 小火煮十五到三十分鐘。

3. 若你已經年滿十八歲，而且沒有要開車，可以加少許
   威士忌。（食譜上真的這樣寫！）

乾杯！

A ───────────────── 司康 Scone

　　我曾經很討厭吃「司康餅」（scone），總想著又乾又沒味道怎麼會好吃。來到倫敦後，每次室友想烤東西，我都改點一些我的心頭好，比方說巧克力可頌布丁之類的。直到最近，室友在讀了強者我朋友妞仔的食譜後，決定不顧我的碎唸烤下去，一出爐我才發現自己大錯特錯。剛出爐的司康餅香氣四溢，配上表面光澤與中間自然產生的裂痕，本身就夠誘人了，掰開後抹上凝脂奶油與果醬，完全就是人間美味啊。這個故事告訴我們，通常覺得東西難吃，可能只是剛好吃到做得差的，不要放棄治療，要再給自己一次機會啊！言歸正傳，我顯然沒資格講要如何做出好吃的司康餅，或哪裏可以買到好吃的司康餅，但我或許可以解開關於司康餅的幾大爭議（最好是）。

　　首先是發音，英國多數地方對此物的發音與 gone 相同；但美式發音則多偏向 tone，兩者的區別大抵是 scone 跟 scone 的差別。

　　對英國人來說，發音這件事首先是地域上的差別，有時也免不了跟階級扯上關係，BBC 的建議播報發音偏向 gone，但妙的是兩種發音都覺得對方的發音比較天龍，這事恐怕還有得吵，如果再加上蘇格蘭腔（scoon，史庫恩）或是英格蘭東北腔（scown，史靠恩）就更熱鬧了。其次，關於司康餅的起源也是眾說紛紜，幾種說法分別是蘇格蘭地名（Scone，在司康鎮吃司康應該別有風味）、蘇格蘭蓋爾語（sgonn，一

沱）、荷蘭文（schoonbrood，好白麵包）或德文（Schönbrot，好麵包）演變而來。無論起源為何，英國最早的文字記載是一五一三年，諸多考據都跟燕麥烤餅（bannock）系出同源，在還沒有泡打粉的年代，司康是種中型的扁圓餅。一直要到泡打粉普及後，才是我們現在看到的模樣。

接下來談吃法，有些餐廳為求平整，直接用刀把司康餅切成兩半，後來看了各方資料才發現這是不恰當的，司康餅如果烤得好，中間會出現一個自然的裂縫，用手掰開才能讓凝脂奶油跟果醬塗得夠厚；而究竟先加果醬還是先加奶油？康沃爾郡吃法是先果醬再奶油，德文郡吃法是先奶油再果醬，後面會提到兩個郡的世紀之爭；奶油一定得加凝脂奶油，這是靠間接加熱與緩慢冷卻得到的乳製品，據敝宅的乳品供應商表示，他們都直接開一間房間低溫慢烤！萬不得已找不到凝脂奶油，才會用鮮奶油或是奶油。為此，某數學系教授還寫了一篇好笑的廢文，「證明」凝脂奶油比鮮奶油好。最後則是世紀之爭：Cream Tea（司康餅配茶的輕食下午茶）到底是來自德文郡還是康沃爾郡？康沃爾郡已經先下一城，拿到凝脂奶油的原產地名稱保護。德文郡則不甘示弱，想要取得整套 Cream Tea 的原產地保護，目前戰爭還在持續中，有待後續觀察。

說實在，我本來沒有要寫得那麼宅，結果越看覺得越有趣，英國人怎麼都在這麼好笑的事情上面認真啊？可是換個角度看，不就是因為很重視這件事，才會想要在這些雞毛蒜皮的細節上面琢磨嗎？仔細想想，如果真的愛吃，是不是也

應該用一樣認真到好笑的態度來面對自己的食物？而如果這樣的話，吃進莫名其妙化學物的機會，會不會也因此少一點？

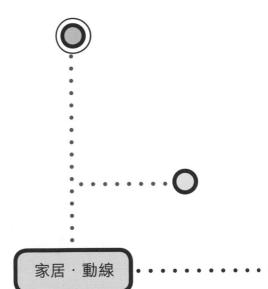

家居・動線

亞伯 & 科爾 Abel & Cole 的蔬果盒 ———

亞伯 & 科爾的蔬菜盒

亞伯 & 科爾的香料熱紅酒的食材盒

　　亞伯 & 科爾是一家在英國已有二十多年歷史的有機蔬果商，顧客從他們的網站上瀏覽各式蔬菜、水果組合，每週配送一次蔬菜水果。雖然廠商鼓勵客戶每週訂購，不過如果要去度假，或想暫停數週換換口味，亦是無妨。雖然坊間亦有類似服務，但這家可以客製化每週蔬果盒內容，代換不喜歡吃的食物，還蠻貼心的。

　　開始使用這家的蔬果盒服務，是因為博士班第一年遇上大雪，不想出門買菜，但又不想為了湊免運費門檻，而在網路超市購買大量的雜貨，所以轉向每週一次的蔬果盒服務。幾年下來，換了好幾個地址，我們依舊使用這家服務。上網買菜不是每個人的菜，對於喜歡眼見為憑、親自挑選的消費者而言，上網購買、送貨到府也未必適合。

　　除了在地產銷、減少食物哩程跟碳排放、放養式畜牧、支持小農、減少包材等理念外，之所以吸引我們持續使用這個服務，主要有幾個原因：

　　第一是懶：有時忙起來，想著要買什麼菜或是要吃什麼都覺得累，可外食又不便宜，懶過頭老是吃重複的東西又顯無趣，所以每週配好的蔬果盒提供了足量的變化，因應當季食材，總可以得到美味的蔬果，如果有什麼不想吃的東西，網路上點一點也就會替代成別的，挺方便的。

　　再來是神一般的客戶服務，由於致力減少碳排放，所以客戶不能指定送貨時間，需依照當日的運送路線規劃而定，送貨先生也不一定會按門鈴。因此我們有早上八點下樓，東西就在門外的經驗，也有下午五點才送到的狀況。盒內有重複使用的包材跟冰塊，所以不致於擔心鮮度受影響，然而由於物品送達時未必會由顧客簽收，這種送貨方式也難免有意外。比如說我們曾經發生放在門外的菜被偷的狀況、或是收到絞肉後包裝被劃開的情形，跟客服聯絡後，便得到了退費，也沒有要求要有照片為證。我們一方面讚歎對於顧客的信任，一方面又不免擔心這善意是否會被濫用，心裏暗暗希望希望這「信任」能夠持續下去。

　　另一個好處是嘗鮮，說實話，很多歐洲當地的蔬果，如果不是被放在蔬果盒裏，我可能根本沒有機會認識它們，在超市看到，也不見得會主動買。例如富含鐵質的甜菜根、看起來黑不拉嘰的婆羅門蔘（Black Salsify）、得耐心一片片剝來吃的朝鮮薊，還有鵝莓、石榴，或是秋天的野味（game）。

搭配它們網站的食譜教學，我也才懂得欣賞這些美味。當然有的實在不太對我跟室友的脾胃，試了一兩次，也就謝謝不聯絡。

除了蔬果之外，它們還販售魚肉、麵包、牛奶及家用品，價格較高，所以通常我還是會從超市買肉，或趁特價時下手，品質都挺不錯的。記得前年耶誕節前，他們還舉辦試吃大會（類似年貨大街），一個人門票十英鎊，可以去裏頭無限試吃燻鮭魚、火雞、巧克力、甜餡餅和起司蛋糕，現場還有烤火雞示範大會，實地跟他們的供應商面對面，討論什麼東西該怎麼煮。一整晚下來滿腹而歸，十英鎊真是值回票價。

當然，比起戶外市場一盆一鎊的蔬果，或是超市裏頭的蔬菜，蔬果盒的價格跟份量，並不見得能滿足每個人的需要，我們兩人是因為小鳥胃加小鳥胃，所以在蔬菜的份量上仍算足夠。再者，冬季的當令蔬果多為根莖類，建議食譜多為烤或是煮湯，若主食習慣吃白飯的話，就比較不容易搭配了，果然是青菜蘿蔔各有所好。

有興趣嘗試的朋友，不妨上他們的網站瞧瞧：

http://www.abelandcole.co.uk/

針對新客戶，他們多有優惠，也常有贈品，記得之前是會送食譜一本，鼓勵客戶嘗試新食譜。另外還有推薦親友訂購的回饋優惠，例如送你一盒菜，鼓勵顧客呼好道相報，非常貼心的行銷。

宜珂清潔劑 Ecover ———————— Ⓦ

我常覺得大部分的洗滌家事，都如薛西佛斯的大石，日復一日地重複，卻說不上來達成了什麼。舉凡洗衣、洗碗等，在我心中皆屬此類，故洗衣機跟洗碗機是兩大家事好幫手，省時省力省紛爭，發明者實應獲諾貝爾獎。

以前看過有個網路圖片，衣服上的洗標說：「交給你媽，她知道怎麼處理。」洗衣因布料染色不同有各種洗法，稍不留意就會發生慘劇。而洗衣洗碗，也有數百種風格差異。剛到英國，洗碗這事也讓我大開眼界，還記得第一次看到宿舍樓友洗碗，她放一盆熱水，把洗碗精倒下去攪出許多泡泡，把碗盤放下去搓搓洗洗，然後撈起來用茶巾（Tea towel）擦乾，這樣就算洗好了。「耶？這這這真的沒問題嗎？」心裏疑惑異常，有次遇到比我早來英國的學長，我將疑問告訴他，我得到的答案是「歐洲的洗碗精有通過檢驗標準，可以吃啦！」（據說該位學長的室友還想表演喝現調洗碗泡泡水給他看，學長還問他，要不要加點檸檬汁比較好喝……）。

宜珂（Ecover）是我的清潔用品愛牌，會認識這牌子，是因為它的柔軟精。我洗衣服喜歡加柔軟精，喜歡加了它後有香味又不易產生靜電的好處，尤其倫敦的水是硬水，一開始洗了幾次衣服，發現洗完後的衣物比較硬，也就更加堅定我加柔軟精的習慣。某次聽說柔軟精容易有什麼會揮發的化學溶劑還是什麼有毒物質，最好不要把有加柔軟精的衣服晾在室內。但彼時住宿舍，除了自己的房間，也沒別處可晾，

索性在超市找找比較天然的洗劑，這牌子看來天然，不妨一試。後來，漸漸地連洗衣洗碗浴廁馬桶都用它，氣味不刺鼻，也不會對皮膚太刺激。我尤其喜歡它有大包裝補充瓶的設計，減少包材，也少製造點垃圾，敝宅買過特價的五公升裝洗衣精，大概洗了七八個月還沒用完。

春天時英國常有春季大掃除（Spring Clean）特價，買二送一時更划算。話說第一次看到春季大掃除促銷的時候，好奇為什麼不若台灣在新年時除舊佈新，後來明白當春天來臨，日照增長，多了陽光照進窗戶，氣候溫暖，也比較適合打掃、更換家居佈置迎接春天。這樣想來，便覺得冬天實在不是大掃除的好時機啊。

最近從朋友那兒學到，洗衣服最好加「軟水劑」，不僅可以幫助減少洗劑用量，還可避免水管積垢的問題，讓洗衣機效能比較好。頓時覺得洗劑學問真是博大精深，不可小覷啊。

卡巴 Kebab ————————————

炸魚薯條、炸雞、卡巴（Kebab）和中國菜外帶，大概是倫敦各車站附近最容易找到的外食選擇。飢腸轆轆時，飄出的香味總忍不住叫人駐足。炸物久久吃一次還好，吃多了總是要長痘子。卡巴店最引人注目的，則是堆得高高的旋轉烤肉塔（doner）。這肉塔烤法，據說是最先發源自德國。

對於卡巴，先前總沒有特別留意，主要是因為小鳥胃如

我，買一份外食總沒辦法在一餐內吃完，這些食物卻總是現做的才好吃。之前還住在布洛克利的時候，某次看完戲回家已近半夜，冬夜中只有卡巴店的燈還亮著，點了份羊肉串烤（Shish），配上滋味豐富的醬料跟生菜，還有醃辣椒，一口咬下，才覺得相見恨晚。

　　據說卡巴多是到酒吧喝完啤酒後，肚子餓了，正好填填肚子的外食。據我幾次不正式的觀察，顧客也多以高壯的男性居多。無怪乎幾次我獨自走進去買外帶，都會被店員多看兩眼。我偏愛吃羊肉串烤，主要是我自己特別不擅長料理羊肉。若遇到功夫好的廚師，將肉塊的邊緣烤得焦香入味，卻不顯乾柴，若店家還有獨門醬料，那更是一定要嚐嚐看的。有的店家會附上一塊檸檬，讓食物吃起來不油膩，還有一抹清香。通常買個中尺寸的，兩個人分食也就夠了，薯條就顯得多餘。若是路邊小店外帶，通常我就順便買罐可樂。反正都要吃垃圾食物了，做人不如乾脆一點。

　　蔡珠兒寫飲食的文字總讓我非常喜歡，她的《夜鬼卡巴》裏，講到拱門站（Archway）的卡巴店，我雖去過馬克思墓園，但彼時尚不知有此店，沒機會一探究竟。倒是金史密斯學院附近往路易舍姆的路上，有家開胃燒烤 Meze Mangal，第一次去是朋友發現的，於是大夥去了那兒聚餐；碩士念完要回台灣前，也是找了朋友去那邊吃頓告別晚餐。後來再回倫敦，想去吃的時候，總不巧遇上休息時間。根據報載，他們擊敗麗池酒店，成為旅遊評價網站貓途鷹（TripAdvisor）上，倫敦最受歡迎的餐廳之一。文章一出，趁著室友生日，兩人跑

去打牙祭，肉柔軟入味，還帶有炭火香，就算吃不完打包帶回家的肉，隔日用烤箱加熱依舊美味。令人念念不忘，只不過還是眾人一同前往，多點幾樣分食，較能嘗試不同口味，也比較划算。

Ⓐ ——————————————————— 快煮壺 Kettle

　　Kettle 是電煮水壺，也稱為快煮壺，比較簡易的版本其實只是在水壺底部安上電湯匙而已。還在台灣的時候用的是開飲機或是用瓦斯爐燒開水，從未深究過這項電器的必要性。剛到英國，接下一本關於生態設計書籍的翻譯，裏面就用快煮壺貫串全書做解釋，當時還想，為什麼要用那麼冷門的東西當例子，這顯然是我見識不夠。

　　快煮壺是這邊家庭常備的基本電器，因為英國人熱衷

"have a nice cuppa"，也就是來杯熱茶的意思。《新世紀福爾摩斯》第一集，華生第一次去貝克街 221 號時，赫德森太太就問他要不要「來一杯」（cuppa 是 cup of tea 的簡稱，而且通常都是茶，不會是咖啡，就像 have a drink 一定是去酒吧，應該沒有人會去咖啡店）。

在倫敦這段期間，因為不同原因搬了好幾次家，室友打包的時候，快煮壺永遠是最後放進去，最先拿出來的物品。兵荒馬亂之後好不容易坐下來喘口氣，室友總會問：「要不要 have a cuppa？」喝杯熱茶之後才有安頓身心之感，後來在網路上還找到一首很好聽的來一杯之歌，她沒事會來唱一下，大概也算某種融入英國生活的展現吧。幾次出遠門，進了旅館的第一件事，一定是看哪裏有快煮壺可以泡茶，然而不是每間旅館都有這種東西，為此她還一直考慮是否買個旅行用快煮壺。

二〇一一年皇室婚禮，記得新聞報導中有個很有趣的統計，在威廉和凱特兩人陽台深情親吻之前的廣告時間，用電量達到英國全國瞬間高峰前三名，原因是大家都跑去燒水泡茶了，由此可窺見茶文化深入英國的情形。當然，這種茶文化跟精緻的茶道還是有很大的不同，有幾次接待台灣來的長輩，他們總認為這邊的茶「很粗」，不過我想既然功能是不同的，自然供應的茶種也就不一樣。喜劇演員維多利亞·伍德（Victoria Wood）就這個主題拍了兩集探討英國茶文化的紀錄片，非常好看。

儘管電壓不同，現在用的快煮壺帶不回去，有一天回台

灣，也許還是會去買個快煮壺，畢竟這些年來，聽到水沸騰的韻律，總讓人有種回家放鬆的感覺。

紅利積點 Loyalty Scheme ——————

　　許多年前，我下班回到家，家裏多了很多很多盒的面紙。原因是加油站的集點活動，快到期的點數被我爸換成一百五十盒的面紙，記得自己語塞幾秒後問：「沒有別的東西可以換嗎？」我娘妙答：「我剛剛也問了同樣的問題。」刷信用卡集點是台灣眾多銀行的回饋機制，我一開始還興致勃勃，後來就覺得贈品們十分雞肋，不如現金回饋來得實際。

　　初到倫敦，上超市買菜時，店員的兩個問句總有點聽不太懂：一個是 nectar card，一個是 cash back。前者是集點卡，後者是用卡片付款時可以直接從收銀員那裏領取現金，轉賬金額就會直接加在賬單上，我覺得這服務還蠻方便的，三不五時我就會順便替錢包裏補點現金。倒是 nectar card 又激起沈睡的集點魂，當時最常去的超市只有 S 一家，不集白不集。後來發現集點還可以折抵消費，一千點折個五鎊，折價時總有些沾沾自喜，後來發現自備購物袋還可另加點數，當然要記得帶購物袋出門。只是後來我們搬家，離我們最近的超市變成特易購（Tesco），換成累計 T 家的點數，反正加入會員免錢，統統給它先辦一張再說。T 家的集點制採每季結算，會寄來有期限的抵用券（voucher）。這抵用券可以直接在超

市消費時折抵現金，也可以累積數張到一定金額後，兌換網站上的超值商品、電影票、門票等。最神奇的是隨抵用券寄來的折價券（coupon），它會針對我這季購買過的商品作客製化處理，例如我買了一品脫的有機牛乳，它就會給我一張二十五便士的折價券，讓我下回買的時候可以折抵。雖然很貼心，但難免有一點毛毛的，你買啥，老大哥都在看著你。

　　前陣子我們看了 BBC 的紀錄片〈跟著羅勃·派森買東西〉（Robert Peston Goes Shopping），講述英國零售業的歷史與轉折。影片中提到特易購的集點制度：以前是集印花貼在本子裏來兌換贈品，但一九九五年 Clubcard 的出現，整個改變 Loyalty card 的生態，藉由紀錄卡號及其連結的購買紀錄，特易購得以提供客製化的折扣，不會流於亂槍打鳥，也藉此奠定了特易購成為今日英國超市霸主的地位。而這樣的集點制度不光是為了留住忠實顧客，會員的資料也成為零售業行銷、研究消費者行為的重要資料，案例如二〇一二年出版的《為什麼我們這樣生活，那麼工作？》（The Power of Habit）。 若我買故我在，超商收據絕對可以忠實記錄我的每一天，以及生命中的重要事件。

　　只是會員卡一多，皮夾腫脹總有些不便，又會怕臨時起意要買什麼時忘記帶卡，之後還得找時間去補登，徒增麻煩。因此許多集點卡除了正常大小的卡片之外，還有可以卡在鑰匙圈上的小卡，只要你記得帶鑰匙，就可以刷會員卡。有次在超市結帳，看到前頭的人鑰匙圈上掛著四五張小卡，知道對方必是同道中人，可我總覺得這樣鑰匙圈也太擠了點……

網購 Online Shopping ──────────── Ⓦ

　　我熱愛網路購物。

　　朋友有次問我：家裏停水跟家裏沒網路，哪一個狀況比較慘？我說當然是沒網路，因為你可以網購水。當然這個問題是在夏天時問的，冬天的話，我的答案也許會不一樣。

　　我參與過不少網路／遠端購物的進化：小時候買「台北郵購」、BBS 上用郵局存簿轉帳跟網友買東西，還得約時間在捷運站面交、網拍賣家在拍賣網站上賣衣服賣鞋子（是的，我也買過東京著衣），或是只要是上班族都一定參與過的團購，我腦波很弱又常掛在網路上，自然成為網購高度使用者。

　　科技始終來自於惰性，網路購物這件事當然也是。到了一個有亞馬遜商城的國家，這點更是被我發揮得淋漓盡致。買書或是買演出票券自是上網，買菜上網訂，既然買了蔬菜，那雞蛋牛奶也一起來吧，接下來就一發不可收拾。大概除了內衣一定得去現場試穿之外，從頭到腳，從裏到外，吃的、用的，網路上統統都買得到，不怕颱風下雨，不怕店家打烊，只要我有網路和信用卡，我就可以安安穩穩地坐在家裏，當一隻快樂的小松鼠。就算需要蓬頭垢面寫論文，我也不需要換衣服出門買東西。現在還有訂購的咖啡、雜貨、零嘴服務，永遠不怕沒有庫存。人說博士生既沒錢也沒時間，既然網購常有優惠可找，數量買多一點還免運費，在這個坐一趟公車要七十五塊台幣的城市，運費有時還比跑一趟市區的車資便宜。況且，有的東西店裏還不一定有。

忽然想到我一位在美國念博士的朋友，他說買不到九層塔，但亞馬遜有賣九層塔種子，所以他乾脆買種子回來，自己種。

雖然網購快樂似神仙，可是缺點也不少。早期還有網拍賣家騙人的狀況，拜現代社群媒體發達之賜，網友收到東西的開箱文，讓修片修很大的偽產品照無所遁形，按下付款鍵前，還有機會貨比三家。在英國最麻煩的反而是沒有三步一小七，五步一全家的便利商店，「超商取貨」的選項不存在。要是郵差來了，人卻剛好不在家，東西太大沒法丟進信箱，也沒鄰居幫忙收包裹，那麼東西就會被郵差送去存局候領，得自己跑一趟。有時網購被店家用宅配寄出，只說某月某日會到，卻沒法告訴你幾點，是以很多人都有在家等宅配，或是被宅配放鳥、外加跟客服吵架的心酸血淚史。據說還曾經發展出一種新服務：免請假、免在家，請人幫你在家等包裹，這聽起來就像是超適合博士生的打工啊！（怪不得宅配先生常問我們能不能幫鄰居收包裹。）

固然網路購物看似消費者的福音，但整體網購發展的外部性也不容小覷。例如包材的使用與丟棄問題，或是不知究竟網購會讓它增加還減少的碳排放；又如大型網購供應商對於實體店面、書店的打擊，或是亞馬遜倉庫被媒體披露的惡劣工作環境。某日家裏的網購雜貨送到，照例跟送貨先生閒聊了幾句天氣啊什麼的。我忽然問他：「那你的公司待遇有比亞馬遜好嗎？」他笑著說，大部分時候還不錯，「妳也看了那個節目吼？」

從那之後，我覺得有時去店面買東西，接收一些新的刺激，跟人類多些互動，其實也還挺好的。

A —————————— 牡蠣卡 Oyster Card

攝影：Oxyman

「世界就是我的牡蠣，任我一刀撬開。」（"Why, then, the world's mine oyster, Which I with sword will open."）據説這句話是莎士比亞在描述高富帥的人生任我行。

在倫敦走跳過應該很少人沒聽過牡蠣卡（Oyster Card），當初發想時取名牡蠣有幾個意象：一是取牡蠣殼很硬，資安無虞之意；二是當初最早的同類産品出現在香港的章魚卡（Octopus，中文是八達通卡，不過章魚卡聽起來比較有趣），為了方便聯想所以才名為牡蠣卡。那別的城市也要走花枝之流的海鮮路線嗎？最後就是上面莎士比亞的哏了，英國人不管做什麼都要莎士比亞一下嘛。

　　這張卡當初在二〇〇三年引入，時至今日有八成的倫敦公眾交通交易都是以此卡進行，可以搭乘的交通工具有地鐵（Underground）、環外地上鐵（Overground）、輕鐵（DLR）、電車（Tram）、公車、渡輪、新蓋的纜車，還有大倫敦的火車，倫敦近郊的火車站也有越來越多可供使用。

　　即使將各城市的物價水準納入考量，倫敦的公共運輸還是貴得嚇人。資費年年調漲也讓倫敦人大喊吃不消，每次選舉都有政治人物提出凍漲，然後對手就會毫無意外地說錢從哪裏來。作為一個患有資訊焦慮症的窮鬼，某天想研究一下到底資費是怎麼計算的，看完之後決定這麼無聊的資訊不能只有我知道，於是有了下面的介紹。

　　首先，在倫敦搭乘大眾運輸有三種（如果 Apple Pay 也算的話，現在是四種）支付方式：單趟票卡、牡蠣卡與感應式金融卡。可以搭乘的交通工具有地鐵（Underground）、環外地上鐵（Overground）、碼頭區輕鐵（DLR）、電車（Tram）、公車、渡船（Thames Clipper）、阿聯酋空中纜車，還有大倫敦區的火車，倫敦近郊的火車站也有越來越多可供使用。

　　倫敦交通局（TFL）為了鼓勵持有與使用牡蠣卡，單趟票卡與牡蠣卡加值的資費天差地遠。以 2020 年的費率為例，在一區前者要價 4.9 鎊，後者則是 2.4 鎊，足足差了兩倍多。另外由於安全因素，現在公車上也不再收現金，上次坐公車就看到一位外國人跟司機比劃了大半天，最後車上好心的老太太用另一張卡幫他付錢。

　　這小小一張卡片，資費可是複雜到一種幾乎沒人可以搞清楚的程度。

　　1. PAYG（Pay as you go）：就是用多少加多少，通常站內有許多台機器可使用，也可以在有加值標誌的小店進行，用的動詞是 top up，適合沒有每天搭乘的使用者。

　　2. Travelcard：日票、週票、月票、年票都算在內，原本是用一張橘色的紙票，不過可能因為偽造猖獗，目前只有日票有紙票，其他種類都直接加值在牡蠣卡上。

　　如果只是這樣就算了，英國人把事情搞複雜的能力真的非常高超。首先是尖峰（peak）與離峰（off-peak）的差別，每天早上六點半到九點半，下午四點到七點是尖峰，在這段時間內使用資費較高（一區之內尖離峰沒有差別，都是 2.4 鎊。但比如在尖峰時間從一區到二區就是 2.9 鎊，離峰 2.4 鎊）。

　　不過用多少加多少的 PAYG 還有一個眉角，叫做「每日上限」（Daily Capping），意思是一天內坐到某個限額牡蠣卡就會停止扣款。原本這個每日限額還會隨著尖離峰時間而有差別。而此處的尖離峰與資費的尖離峰時間並不一致，每日限額的尖峰是四點半到九點半，剩下是離峰。因應彈性工時與不同的工作型態，現在的每日限額是一致的（一到二區是 7.2 鎊）。另外，為鼓勵感應金融卡的使用，其一週限額與週票是一樣的（36.10 鎊），也就是如果完全用感應式金融卡的話，沒有一定得買週票的必要性。

　　如果看到這裏還沒昏頭，其中還有一大堆例外，比方説

下午四點到七點雖然是尖峰，但從一區以外坐往一區是以離峰資費計算，大概是因為跟別人反方向吧；另外，如果用比較遠的坐法完全排除一區內的路線，也可用一區以外的較便宜運費計算（不經一區，二區到二區的尖峰資費是 1.7 鎊），在某些關鍵節點會看到粉紅色的識讀機（多半出現在環外地上鐵站），作用就是判定你的旅行路線。再加上一大堆優惠方案與學生鐵路卡加載（倫敦市內的大學學生可申請附照片牡蠣卡，若有購買學生鐵路卡也可加載在牡蠣卡上，可享離峰六六折優惠），這簡直比研究電信資費還要複雜。

令人昏頭的還沒結束，如果真的很窮願意用時間換取金錢，那麼公車是一個比較好的選項。公車的費率比較不複雜，一趟就是 1.5 鎊。不過如果只坐公車不碰其他運具的話，每日上限是 4.5 鎊，也就是三趟就回本了，另外一小時內換乘其他公車還有 Hopper fare 優惠。還有一個比較常被忽略的是船，雖然單程票不便宜，可是使用優惠購買無限次搭乘的日票很划算，還可以一覽河岸風光。

最後講講驗票與逃票，多數進出口都有閘門與工作人員，逃票既不實際，也很容易被抓。輕鐵各站沒有閘門，不過幾乎每趟都有專人在車上查票。公車上的查票員我也遇過幾次，通常都在最後一排裝睡，等到大家上車了再忽然站起來宣布查票。同站進出的扣款會隨著時間長短而異，我目前還沒搞清楚到底是怎麼扣的（有些同站進出是非戰之罪，比方說金絲雀碼頭要從地鐵轉輕鐵，很容易誤判）。最後是卡中餘額在地鐵站與公車上可以變負的，也就是最後一次坐不一定要

夠錢，但如果是坐火車的話，必須有足夠的金額，否則無法
出站，而且會被罰款。

　　不過就像前面說的，在倫敦走跳少了牡蠣卡，真的跟瘸了
一樣。有天出門忘了帶牡蠣卡，又看到公車即將前來，沒能來
得及回去拿，只好先用 Visa 金融卡擋一擋，但一位朋友對於這
種行為非常抗拒，覺得個資都被看光光。另外一個比較驚險的
是好友的故事，她為了處理「起番」的小孩，跟老公分別行動，
後來赫然發現所有家當都在老公正推的嬰兒車上，正不知該怎
麼辦時經過地鐵站，一定要幫媽媽「嗶」牡蠣卡的小孩還跟她
說：「馬麻我要嗶嗶。」好友當下很想巴下去，所幸最後還是
跟先生會了面平安回家，否則可能真的要跟路人借錢了。我跟
室友聽了這個故事後，除了暗嘆小孩難養外，也想到身上兩寶
應是牡蠣卡跟手機，好歹可以讓自己平安回家。

　　看來，世界不一定是我的牡蠣，但牡蠣卻是我的倫敦。

Ⓐ ──────────────── **排隊搶票 Queueing**

　　日常生活中，最容易讓我起毛球的三件事分別是早起、
等待與人多，排隊可以讓三個願望一次滿足，因此我常告誡
室友，像我這麼懶的人，千萬別叫我去排隊。以前在台灣週
年慶期間經過百貨公司，或是熱門演唱會的售票，都會被長
長的人龍嚇到，並且很暗黑覺得是不是廠商根本想要讓人排
在那邊，以顯示自家產品的搶手程度。如果不是真的非常熱

愛，那浪費在空等的時間完全不划算。對我來說，排隊只會減損、而非增加產品的價值。

　　無奈身在倫敦，所謂買票一字訣謂之「早」，如果沒有早八百年把熱門活動的票給訂好，剩下的選項大概就只剩早起排當日票了。更令人煩躁的是，文藝活動比限量還要殘酷，這種一期一會的事情，錯過就沒了。所以這幾年下來，如果室友手腳不夠快（相信我，她手腳已經夠快了），沒在網路上搶到票的，只好讓自己長滿毛球去排隊了。

　　旅遊作家比爾・布萊森（Bill Bryson）曾稱讚／嘲諷過英國人排隊非常文明的本事，直說這種個性實在太適合被共產黨統治了，這幾年的經驗也讓我略有所感。印象比較深刻的極限排隊經驗有三次，分別是國家藝廊的達文西特展、建築開放日的大黃瓜，以及國家劇院的詹姆士三部曲。

　　達文西特展舉辦當年，我們加入博物館卡會員，可以免費參觀數個特展，國家藝廊並未包含在內，一開始想說其他特展都看不完了，達文西還是忍痛割愛吧。沒想到佳評如潮，《衛報》更說此展「空前絕後」，把世界上能拿來展的達文西繪畫，都拿來展了（例如〈蒙娜麗莎的微笑〉不能出國，〈最後的晚餐〉是溼壁畫在米蘭，而現場展出的〈最後的晚餐〉是弟子仿製，珍藏於牛津大學）。室友非常努力「說服」我新年當日票應該排隊人潮會少一點，大家都去狂歡或是購物了。於是兩個人半夜爬起來風塵僕僕地趕去特拉法加爾廣場，夜黑風高，零下兩度的國家藝廊外，早已排了許多人，詢問裹著睡袋的隊伍頭兒該往哪邊排，他略帶驕傲地往後一指，

彷彿在說：「哈，慢慢排去吧！」隊伍之間還有附近的咖啡店店員帶著保溫箱兜售咖啡，可以想像要是在台灣應該會有香腸攤吧。好在還是排到了下午的當日票，不虛此行，這是其一。

其二是建築開放日。每年秋天，倫敦各大建築物會開放一到兩天供民眾免費參觀，稱為 Open House London，獨具特色但平時門禁森嚴的建築物，自然會吸引許多人潮，大黃瓜（The Gherkin，30 St. Mary Axe）便是其中之一。當天下著大雨，雖然不太情願出門，我們還是安慰自己排的人應該會比較少吧。這個想法似乎是真的，我們抵達時還沒有繞大黃瓜一圈，只不過到轉角而已。過了一會室友想去上廁所，不過金融城中的水泥叢林，要找間廁所也不是件太容易的事，結果隊伍不斷前進，轉眼間忽然保全就過來確認人數了，我急忙說這裏還有一個，保全帶著狐疑的眼神看著我，還問排我後面的人：「你們可以作證嗎？」後面的人促狹地看了我一眼，說：「他們的確有兩個人啊！」保全才繼續往下數人頭，後來他們還說：「還作證勒，好慎重！」我們最後總共排了一個半小時，看到網路上前人的悲慘經驗，已經算是很順利的了。

最近的一次則是在愛丁堡演出、深受好評的《詹姆士三部曲》，搬來倫敦依然熱賣，我試著在網上抽獎也沒抽到，最後室友說，你想排三次、分三天看，還是一天看三場，排一次就好？（內心話：我可以不排嗎？嗚嗚！）自己看了半天劇評還是很想看，最後還是決定要排隊了。

　　資訊焦慮如我，排隊前一定得先行了解各種資訊：當天天氣如何、大半夜有什麼交通工具可以搭乘、一人可買幾張票、付款方式為何、大約幾點到比較保險。做完情蒐後，前天晚上要早早去睡，不過這點通常是失敗的，因為平常沒有早睡的習慣，我本來就是隻暗光鳥啊！躺在床上盤算自己還有幾個小時可以睡，終於昏昏沉沉睡去。眼睛沒閉上多久，鬧鐘就響了，頭昏腦脹地爬起來，逼自己不要再鑽回被窩，喝了杯咖啡因特濃的奶茶，將前一天準備好的各種家當拎著出門。雨傘是一定要的，這幾年已經發展出如果不帶傘就一定會下雨的鐵律；保暖衣物如毛帽、圍巾與手套，在清晨寒風中站好幾個小時可不是鬧著玩的；裝滿水的熱水壺，但不能裝太大壺，會想上廁所；巧克力、香蕉，或各種高熱量食物；手機與備用電源，一本書以及電子書，因為清晨沒有光源，光帶書根本看不到字；這次還想到要加帶摺疊椅，坐下置物兩相宜。

　　接著就是等了，如果在當日票限額裏面，大家就安靜地瑟縮在寒風中。剛好超過一兩張的，就會開始不斷數前面排隊的人數，並詢問前面人要買幾張，希望自己可以擠進限額內，或暗中希望還有什麼臨時的退票。有些場館會安排好排隊動線，有些則比較有機，不過英國人的排隊專業不能小覷，他們貌似不說話，但會牢記前面跟後面的「隊友」，如果有陌生人突然插進來，還需要自己解釋：是來換班的，是兩個人只買兩張票等等。偶爾有些言不及義的閒聊，前面的大叔是個戲痴外加排隊狂，從背包裏掏出一大疊票根，還說《朝

觀》（*The Audience*）他排了兩次，因為太精采了，第二次帶朋友一起來排。我跟他說最近的《慾望街車》用抽票的方式，好像也不錯，他嗤之以鼻：「如果你真心喜歡一齣戲，你就要為它奮鬥！看是要用錢，還是用時間啊！」我心裏暗想：「可是我不想感冒啊，有沒有比較健康的方法啊？」

手機中的節目聽了四個，終於盼到了開館時間，開門的警衛精神抖擻，跟寒風中萎靡的我們形成巨大的反差。順利買到票，想找個地方略事休息，但早晨的南岸藝術中心陽光燦爛，帶著小孩的家庭慢慢晃出來吃早午餐，想回家可是戲從十二點就開始演，一天要看三場，回家根本來不及。室友安慰我：「這樣也不錯，至少你不用排三次。」（顯示為沒有被安慰到。）果不其然，在二部曲中間一小段我還是安詳地睡著了。還好戲真的很好看，不枉我忍受排隊之苦。

正式（？）成為排隊大軍的一員後，我再也不敢看輕那些為了百貨週年慶繞忠孝東路三圈的歐巴桑，畢竟她們也是為了自己所愛在奮鬥啊！

茶巾 Tea Towel ————————

攝影：ANKAWÜ

　　每年看到網路論壇上開始討論打包清單，哪些該帶哪些不該帶，要不要多帶些慣用的文具、夜用衛生棉等，忍不住都會陷入白髮宮女話當年的模式（當然現在白髮也不少啦！），想想當初帶了什麼根本用不上的東西。幾年來往返台灣英國的次數多了，也比較能掌握哪些物品在英國真的買不到、或是貴到神經，不會像我第一次打包，落得超重六公斤，狼狽地在機場打開重包的窘境。

　　念碩士時到英國，家裏也沒人去過，只能光憑想像跟道

聽塗説，所以包了很多有的沒有的東西。其中之一是我娘慣用的廚房抹布，之二是她利用夏天曬得乾硬耐用的南僑水晶肥皂。後者我只能説我娘有點想太多，因為我很少用手洗衣服，想到只帶一塊水晶肥皂，用完就沒了，因此直到畢業都沒拿來用，想來未免有點神經分兮。

　　倒是那塊台灣隨處可見、黃色滾邊，第一次下水還得先把漿洗掉的抹布，卻意外地實用。搬進房間想把家具都先抹過，靠它。柔軟又吸水度強，在尚未熟悉購物環境、初來乍到的時分，非常好用。只是再好的抹布也有需要汰換的時候，正如天下沒有不散的宴席，某日那塊抹布失蹤，得去找新的，在超市看到茶巾，丈二金剛摸不著頭腦，不知道它該怎麼用。後來看到宿舍樓友的「英式洗碗法」，把洗好的碗盤用茶巾擦乾，不若台灣，多半沖到不見泡泡，再使用烘碗機烘乾，這也才讓我開了眼界。

　　至於茶巾跟一般的抹布到底有何不同？據我所知，它應該是廚房裏一條最乾淨的布，只拿來擦乾碗盤食具，不用於擦拭檯面，或是放進肥皂水裏搓髒碗盤。在準備下午茶時，可以拿來做保溫司康小點心的用途。當然，偶爾找不到隔熱手套時，它也可以拿來墊個手，從烤箱取物，以免燙傷。

　　除了在超市、廚具用品店可以找到茶巾之外，在各大博物館、觀光景點的紀念品店，也常常可以找到各式各樣的茶巾。名廚奈潔拉就曾經說過她有蒐集漂亮茶巾的嗜好，將它放在廚房裏做裝飾，也能很輕鬆地妝點做菜的氣氛。在威廉王子大婚的時候，英國也有推出印有兩人頭像的茶巾，記得

看過某篇報導，威廉部隊裏的同袍便開玩笑說：「非常開心他們要結婚了，而且我們每天都用印有他們臉的茶巾來擦碗哦！」看到這新聞，忍不住摸摸自己的臉，還好我不是王妃。

即使敝宅習慣將手洗好的碗盤放在架上晾乾，偶爾臨時需要快速乾燥碗盤時，用茶巾擦乾仍是非常方便。偶爾在博物館紀念品店看到特價又設計不錯的茶巾，我們也會藉機買回家做替補。擦過碗盤的茶巾多半掛在烤箱的門把上，利用烤東西時的熱氣烘乾，便可以回復乾爽。不得不說，換上不同的茶巾，的確是最簡易又實用的廚房裝飾品。

我還是很愛台灣的廚房抹布，某次回台帶食材，為了避震，也怕破掉漏出來沾染其他物品，乾脆在罐子外包上兩層乾淨的抹布，用橡皮筋綁好後，再套塑膠袋。萬一真的漏了湯汁，抹布可以吸水，到了還可以拿來用，也不浪費行李空間。每回這樣子成功將瓶罐帶到英國，總忍不住會為這點小聰明，沾沾自喜。

俄斯朋童書 ——————————————— Ⓦ
Usborne Children's Books

前幾年返台時，總會帶些玩具積木給姪子姪女，選禮物總是需要靈感，每回都看看身邊朋友差不多歲數的孩子玩些什麼、去哪兒買。幾年下來，孩子們一轉眼就長大了，姪女後來開口跟我說，希望下次買故事書回去給她看。身為愛書

人，買書總是令我愉悅的事，想著如果可以讓孩子喜歡閱讀，不見得為什麼功利的目的，只是享受與書相伴的時光，是多麼美好的事。

對我而言，選童書不是我的專長，幸好身邊為孩子購買繪本的朋友不少，總能在拜訪時看看孩子們的書架尋寶，或是權充說書人陪他們唸本故事書。後來發現有部落客推薦俄斯朋（Usborne）這個出版社的「翻翻書」（Flap books），似乎挺好玩的。某次試著買來禮物送朋友孩子，挑了一本 Usborne 出版的火車翻翻書，才有機會看到實體。不看則已，令人愛不釋手到想自己收藏一套。

被我們暱稱為「翻翻書」的這系列繪本，都是硬書頁，因此不需要擔心被撕壞；每一頁有不同的主題，配合時序（例如火車的發明和演進）等，有許多可上掀的「小窗戶」，藏身於下還有更多資訊與說明。俄斯朋是英國最大的獨立童書商，除了翻翻書之外，還有貼紙書、動手做活動組等等。如果喜歡逛倫敦各大美術館、博物館的禮品店，也常能在童書區看到它家書籍的蹤影。光是自己摸摸看看都覺得好可愛好興奮，總會期待可以送給哪個喜歡書的小朋友。

我覺得「翻翻書」很可愛的地方是，它有三個系列，從「偷看」（peep inside），「看！」（look inside）以及「仔細看」（see inside），文字比例以「偷看」最低，而到了「仔細看」系列，裡面的資訊量跟說明就相當豐富了。第一次買，興沖沖買了一本「仔細看」給朋友小孩，拆封後，才發現文字用詞偏難。後來再去朋友家，媽媽會喚小朋友把「叔叔阿姨送給你的

書」拿出來，趁機要我們唸書給小孩聽（兼幫忙帶孩子）。藉由閱讀的過程，也意外補充了不少淺顯易懂的知識。看著書裡可以掀開的「小窗戶」因為反覆閱讀而逐漸有了使用的痕跡，心裡非常開心。想著小小的手指在掀開書時，由衷發出「哇」一聲的讚嘆，如果書能讓孩子百看不膩，那就是送書給他們最大的成就感。

我最愛不釋手的，是俄斯朋與倫敦博物館（Museum of London）合作的《看！倫敦》（*Look inside London*）及《仔細看！倫敦》（*See inside London*）。《看！倫敦》以倫敦生活為主，包括火車站、倫敦塔、河上風光、皇室等等；《仔細看！倫敦》則是與博物館的歷史學家合作，從中世紀起，有系統地介紹倫敦歷史大事件，如都鐸王朝、倫敦大火、霧都歷史、二戰轟炸及今日倫敦等。資訊豐富，插圖也不含糊。而掀開「小窗戶」的設計，也增添不少除了翻書頁外的樂趣，能用這麼有趣的方式認識城市和歷史，誰能不被吸引呢？

倒垃圾 Waste ⓦ

話說「垃圾」「廢棄物」在英文有不同說法的，英國常聽到的是 rubbish、litter，小時候學的 garbage 反而很少聽到。去紐約的時候，我手上拿著紙屑想丟，主人問我怎麼了，我脫口而出說想找垃圾桶：I'm looking for a 'bin.' 然後她說：The 'trash can' is over there。這經驗，算是親身感受到英美

兩地英文的差異。

在台灣，成長於環保署強力推動的資源回收政策推行時空下，對於丟垃圾跟資源分類這件事當然是乖乖照做，覺得紙類沒有拿去回收就覺得渾身不自在。倒是我對台灣的垃圾不落地政策不怎麼愛，要是剛好那時間不在家，那要怎麼追垃圾車？夏天在家，廚餘一天沒倒，就有異味發酸，萬一沒追上垃圾車，該如何是好；或是本來只想圖清涼衣衫不整，聽到少女的祈禱還得趕快抓著外套、拿下鯊魚夾、提起垃圾袋衝出去，老實說，還挺狼狽的。

在倫敦這邊，視房屋形態不同，垃圾集中跟收集的方式也有差異。若住在公寓，多半是有設計指定的垃圾桶儲放處，讓各戶拿下去丟。每隔一週或兩週，就會有垃圾車來收。桶子分三類，通常藍色的是資源回收，棕色的丟廚餘或是花園廢棄物、剪下來的殘枝之類，綠色就是丟剩下來的一般垃圾，有時隨區公所（Council）不同而有差異。每種收取的頻率不太一樣，也不一定會三種一起收。以我家這區為例，資源回收是隔週四來，早上若在家，還可以看到清潔隊員在工作。

若是住獨戶的房屋，那多半是各戶有三個寫著門牌號碼的桶子，各丟各的。我家附近鄰居養貓的多，常可以見到貓兒一屁股坐在垃圾桶上曬太陽兼捍衛他家的垃圾桶。

先前住的公寓曾經有其他住戶在回收桶裏丟了不屬於該桶的垃圾，結果就被留了條子說因為你們分類沒做好，所以這桶我們拒收，看到時，心中浮現的潛台詞是：「還有這樣的喔⋯⋯。」除了各戶的桶子之外，若有大型垃圾，可以打

電話請區公所派人來收，社區某些地方也有設計回收站，大的紙箱也可往該處去。至於廢電池，在超市亦設有看到回收站，也算方便。

　　不若台北市需要買專用垃圾袋，倫敦收垃圾沒有強制要求，因此用買東西的塑膠袋套垃圾桶也蠻常見的。只是因為超市提袋多半用回收材料製成，比較薄，容易分解，上頭還為了透氣有打洞，拿來裝溼的垃圾不太理想，也看過不少鄰居直接買垃圾袋。比較特別的是區公所會提供免費的廚餘桶跟專用垃圾袋，固定一段時間，公所就會放補充袋在門口，上面畫有可以回收的廚餘種類，如果提早用完，可以打電話跟公所要。有花園的人家，也可以去公立圖書館的櫃檯要牛皮紙做的園藝專用垃圾袋，把枯枝、落葉等垃圾裝好，放進棕桶子讓公所回收。這些廚餘、園藝廢棄物，或是新年過後枯掉的耶誕樹，公所在處理之後，會變成堆肥，去年底我們還收到傳單，說憑單子可以去某處領一袋免費的堆肥回家。可惜沒車，那地方又很遠，不然我有點想去瞧瞧。不知道多的堆肥去哪了？我猜想或許會用在各個公園裏頭？

　　不管垃圾處理機制再怎麼完整，從源頭開始減少廢棄物，應也是解決問題的根本辦法。以食物浪費而言，從超市的標示、架上貨品的保存丟棄方式，都是政府、媒體每隔一段時間就提案討論的議題；有個運動叫「愛食物，不浪費」（Love Food Hate Waste），也曾在學校的開學週到校園擺攤，贈送免費的食譜、煮飯用的量匙、量義大利麵的道具等等，希望藉由教大學生如何買食物、煮飯開始，減少煮太多、買太多

的食物浪費。我們常用的網購蔬菜，則是盡量讓包材再利用、回收塑膠袋重複使用等，避免浪費。

除此之外，把用不上、還保存良好的東西捐給慈善商店，一方面解決多餘的物品，再來也幫助慈善團體；往慈善商店、後車廂拍賣尋寶，也是幾位在倫敦的朋友們的嗜好。若有大型傢俱、電器，用免費回收（FreeCycle）的方式轉手給需要的人，也是很好的再利用。

親吻擁抱 XOXO

與研究生活相比，辦公室人生讓我最懷念的事情，可能是每天有同事可以哈拉，有團購可以跟；而最不懷念的，則是瘋狂響起的電話分機，還有總是被塞爆的收件夾。除此之外，還有被退的公文。如何寫好公文或是比較正式的信件，有時會讓我後悔為什麼應用文課本沒有好好讀。

寫英文信就更麻煩了，臉書上常有人轉「英國人這麼說」vs.「他們真正的意思」的對照表，不看還好，看了之後每次下筆或是回信就更如履薄冰。網路上還有更多教你如何寫商用英文信的訣竅，什麼時候改用 Best regards、Kind regards，什麼時候用 Best wishes，以及冬天用 Warm wishes，大概跟中文學信封寫法「鈞啓」、「安啓」差不多。

不過，就像千萬不能在信封上寫「敬啓」一樣，寫信也有些東西不能亂用。

英文信末簽名附上「x」代表親吻，「o」代表擁抱。相關應用如影集《新世紀福爾摩斯》第一集，福爾摩斯借用華生的手機，上面的刻字有三個 x，表示送手機的人與受者關係相當親密，推測是伴侶。同理推之，你沒事也不會想親吻擁抱你的指導教授，更不會拿它來用在抱怨信的結尾。至於為什麼是 x，可以推回中世紀時，人們在簽名時畫上十字，代表真心誠意，而親吻該處，則更表示誓言真切。想來，「以吻封緘」應是從此而來。話說剛到英國時看同學在班上討論區署名時加上 x，還不明所以，幸好先跟其他在英國待過的朋友打聽，才不致於鬧了笑話。

網路上常常有討論電子郵件信末如何簽署（Sign off）的文章，怎樣有禮貌，怎樣不妥。有的是真切地因為看不慣各種奇文怪句而為文，有的則是戲謔地想寫寫「你這麼寫」vs.「你／對方真正的意思」。例如 With all due respect 表示對方滿腔怒火，千萬別理解為他／她很敬重你；另外，Best regards 縮寫成 BR 也會讓信件禮儀本格派眉頭一皺，認為這樣一點都不誠心誠意。

說實在，比較起各種文字和郵件帶來的猜心遊戲，「xoxo」代表的親吻和擁抱，或許還直接多了。

約克夏布丁 Yorkshire Pudding ─────

攝影：Richard W.M. Jones

我曾經很喜歡吃統一布丁。

一定要標準大小的，那才有我認為的完美比例，焦糖醬跟黃澄澄的布丁，有彈性和滑溜的口感，我討厭有的人把糖漿跟布丁攪得爛糊糊的，我鍾愛的吃法是持小匙從上往下慢慢吃，把焦糖醬當成最後的獎賞，兩個太多，一次一個就好。

然而這一切，就在明白了「整個城市，都是統一的化工廠」之後，成為一段「因了解而分開」的舊情。

我也沒有企圖在倫敦重現布丁口感，我室友曾經興致勃勃地在廚房搞了一下午，想做出好吃的布丁，最後成果不錯，但因為太麻煩了，也許下次吃到，要等哈雷彗星再度造訪地球。

　　Pudding 一字，倒是曾經在米的包裝上看過。英國超市常見的米有泰國米、義大利燉飯米、糙米、豆豆先生（Mr Bean）的奇怪化學米，對於吃慣亞洲米的台灣胃來說，口感總是有點不對勁。曾有媲美神農嘗百草精神的男同學跑來報馬：有一款 Pudding rice 吃起來口感跟亞洲米很像。好奇買來試試，確實有像，但考量價位跟容量，最後我還是改買糙米作為主食。倒是好奇查了食譜，原來此米拿來做米布丁甜點，把米拿來加牛奶煮，並不是我特別想嘗試的菜色。布丁也不見得專指甜食，蘇格蘭的黑布丁口感如台灣的豬血糕，也是由豬血製成，如果在蘇格蘭點蘇式早餐，跟英式早餐的差異之一，便是此物會出現在蘇格蘭式早餐中，而不管英蘇式，吃完一整份都可以飽到下午三點。

　　在各種布丁中，最讓我驚豔的，便是在烤肉料理旁的配菜約克夏布丁（Yorkshire Pudding）。儘管刻板印象中，英國食物實在不怎麼讓人期待，然而跟上教會傳統有關、在星期天吃的週日慢烤（Sunday Roast）倒是非常美味。無論是雞牛羊豬，大塊肉配上蔬菜烘烤後，肉汁和蔬菜交融在一起，餘下的汁液加入高湯、酒、香料和麵粉做成醬汁（gravy）配著吃。口感略似泡芙殼，約克夏布丁酥酥脆脆的口感，搭上滋味濃郁的醬汁，就像油條和廣東粥一樣絕配。它的成分簡單，不外乎麵粉雞蛋牛奶油脂，但比例如何搭配，如何讓他蓬發鬆脆，可就是門學問。十八世紀就記載約克夏布丁的做法，二〇〇八年皇家化學學會還特別訂立標準，沒有四吋高的約克夏布丁，不能以此名稱之。

　　每當想吃油條想得發饞，總想說要不要沒魚蝦也好，拿約克夏布丁來解饞。雖然知道中國城有賣油條，可特地為此跑一趟也太不經濟；至於約克夏布丁除了自己手工現做，也可去超市買冷凍的回來加熱。可這東西就像喜宴上的炸湯圓加花生粉，宴席上少了它總覺得缺了一味，只是，難道要因為想吃炸湯圓跑去喝喜酒嗎？同理可證，買了約克夏布丁卻沒有星期天烤肉，總令人感到寂寞，可為了它特地做一頓烤肉也太瘋狂，這或許也是某種，關於食物的一期一會吧。

————————————————— 跋

　　當你以為自己只是走在冷冰冰的水泥叢林中，其實這也是一座符碼堆疊的迷霧森林，拜倫敦各種有趣的導覽之賜，提供了解謎的捷徑。在這項半認真的書寫計畫中，希望把我們聽到的有趣故事與歷史見聞，講給更多人聽，並慢慢開始理解這虛實交織的大都會。

　　在網路時代負笈異國的我輩留學生，拜科技與社交媒體之賜，發表文字的門檻降低。一開始只是想兩個人分別找出生活中最有意義的二十六個字母及單字，寫給臉書上的親朋好友看。此一無心插柳的小計畫，後來成為朋友見面時催稿「什麼時候要寫完？」以及點菜：「某某字母要寫什麼？」的話題。倫敦何其精彩，又豈是數十篇文字能夠寫盡？

　　除了記錄城市與文化的光點之外，隨著書寫的進行，更多的收穫是檢視自身這幾年來未經留意的改變。抵英之初，曾有長者疑惑我們來自何方，講起英文怎會有美式口音；而數年後當我踏上美國，才發現自己的用語和發音早已在耳濡目染間受英國影響，也與在台灣所學得的有所差異。曾幾何時，對於午餐吃冷三明治不再抗拒，久沒吃炸魚薯條還會想念；對於週末地鐵整修停開、甚至是罷工停駛，也不再氣急敗壞。唇齒之間，不僅因攝取伯爵茶過量而茶垢斑斑，還悄悄地帶了一點倫敦腔。

　　巴黎是流動的饗宴，而若厭倦倫敦就厭倦生命，兩城都有無數人為之謳歌，而我們只是替它再添眉批。文章能夠集

結出版，實為寫作之初始料未及之事，在此感謝紅桌文化粹倫的大力相挺，編輯群致良、正偉的協助，以及眾好友們無論線上和離線時始終如一的支持與鼓勵，九十度一鞠躬。

倫敦腔：兩個解釋狂的英國文化索引
Londonphiles: Footnotes of a Great City

作　　　者	白舜羽、魏君穎
編　　　輯	吳致良
美 術 設 計	朱疋
總　編　輯	劉粹倫
發　行　人	劉子超
出　版　者	紅桌文化／左守創作有限公司
	104042 臺北市中山區大直街 117 號 5 樓
	undertablepress.com
印　　　刷	約書亞創藝有限公司
經　銷　商	高寶書版集團
	114679 臺北市內湖區洲子街 88 號 3 樓
	02-2799-2788
版　　　次	2016 年 5 月初版
	2020 年 8 月二版
I S B N	978-986-98159-2-5（平裝）
書　　　號	ZE0143
定　　　價	330 元
法 律 顧 問	永衡法律事務所　詹亢戎律師
臺 灣 印 製	本作品受智慧財產權保護

國 家 圖 書 館 出 版 品 預 行 編 目 (CIP) 資 料

倫敦腔：兩個解釋狂的英國文化索引 -Londonphiles:
footnotes of a great city / 白舜羽, 魏君穎 作 . -- 二版 . --
臺北市：紅桌文化, 左守創作, 2020.08
192 面 ; 14.8 × 21 公分
ISBN 978-986-98159-2-5(平裝)
1. 文化觀光 2. 旅遊文學 3. 英國倫敦
741.719　　109011067